Dr. Joseph Murphy

Stärken Sie die Macht Ihres Unterbewusstseins

Dr. Joseph
MURPHY

Stärken Sie die Macht Ihres Unterbewusstseins

Das Praxisbuch

Aus dem Amerikanischen
von Elisabeth Schmalen

ARISTON

Bibliografische Information der Deutschen Bibliothek
Die Deutsche Bibliothek verzeichnet diese Publikation in der Deutschen Nationalbibliografie; detaillierte bibliografische Daten sind im Internet unter http://dnb.de abrufbar.

FSC www.fsc.org MIX Paper from responsible sources FSC® C004378

Penguin Random House Verlagsgruppe FSC® N001967

2. Auflage
Aus dem Amerikanischen von Elisabeth Schmalen

Redaktion: Dr. Ulrike Strerath-Bolz
Umschlaggestaltung: Nele Schütz Design, München
Satz: Satzwerk Huber, Germering
Druck und Bindung: PBtisk, a.s., PŘÍBRAM
Printed in Czech Republic

ISBN: 978-3-424-20227-4

Inhalt

Einleitung

Sie haben die unglaubliche Fähigkeit, genau das zu sein, zu tun und zu bekommen, was Sie sich wünschen, vorstellen und tief in sich drin glauben. Doch leider schöpft nur ein kleiner Teil der Menschen dieses Potenzial aus, weil es den meisten nicht gelingt, die Macht des Unterbewusstseins – der göttlichen Macht in ihnen und ihrer Umgebung – zu erkennen und einzusetzen.

Das Geheimnis des Erfolgs ist kein Geheimnis. Es wird seit Tausenden von Jahren praktiziert. Seit jeher sind stets die Menschen am erfolgreichsten, die nicht einfach akzeptieren, was ihnen vorgesetzt wird, sondern sich ein besseres Leben ausmalen und so fest daran glauben, dass sie es tatsächlich herbeiführen – und auf diese Weise ihre Umgebung verändern.

In diesem Buch lernen Sie, wie Sie sich durch Ihre Wünsche, Ihre Vorstellungskraft und Ihren Glauben eine neue Realität schaffen. Es enthält die Grundregeln, auf denen meine gesamte Methode beruht, und viele wahre Beispielgeschichten von Menschen, die mithilfe von Affirmationen ihre Probleme gelöst, sich selbst oder andere von Krankheiten geheilt, Leben gerettet, Beziehungen verbessert, berufliche Erfolge gefeiert oder Reichtum erlangt haben. Außerdem zeigt es, welche Rolle das Unterbewusstsein bei außerkörperlichen Erfahrungen, übersinnlicher Wahrnehmung, Telepathie, Hellsichtigkeit, Vorahnungen und anderen übernatürlichen Fähigkeiten spielt.

Dieses Buch wird Ihnen zu einem glücklicheren, reicheren und erfüllteren Leben verhelfen. Wenn Sie die Anweisungen auf den folgenden Seiten befolgen, müssen Sie sich nicht länger als Opfer der Umstände fühlen, sondern können Ihr Schicksal selbst in die Hand nehmen. Sie werden entdecken, wie Sie die Kraft Ihrer Gedanken und die endlosen Ressourcen in Ihrer Umgebung dazu nutzen können, das zu sein, zu tun und zu bekommen, was Sie sich wünschen, vorstellen und glauben.

Setzen Sie die unendliche Macht in sich frei

In Ihrem Inneren befindet sich eine unendliche Macht, die Sie emporheben, Sie heilen, beflügeln, führen, leiten und Sie auf den Weg zum Glück, zur Freiheit, zum Seelenfrieden und der Freude eines erfüllten und herrlichen Lebens bringen kann.

Viele Menschen aus allen Bereichen und Lebenslagen erreichen und meistern Tag für Tag große Dinge. Sie sind voller Energie, stark und glücklich und tragen viel zum Wohl der Menschheit bei. Ihnen scheint eine Urkraft innezuwohnen, die sich konstant zu ihrem Vorteil auswirkt.

Auch Sie verfügen über diese Kraft. Sie müssen nur lernen, sich auf diese unendliche Macht auszurichten, mit ihr zu kommunizieren und sie im Alltag zum Einsatz zu bringen. Ich versuche in diesem Buch, die grundlegenden, fundamentalen und unbegrenzten Fähigkeiten Ihres Geistes so einfach und klar wie möglich zu erklären.

Ich bitte Sie, diese Seiten eingehend zu studieren und die vielen effektiven Techniken, die dargelegt und vorgestellt werden, anzuwenden. Wenn Sie das tun, bin ich mir sicher: Die mentale Verbindung zur unendlichen Macht in Ihrem Inneren wird dafür sorgen, dass die Zeiten der Verwirrung, der Not, des Trübsinns und des Scheiterns für Sie vorbei sind.

Die unendliche Macht wird Sie unbeirrbar an Ihren wahren Platz im Universum führen, Ihre Probleme und Schwierigkeiten lösen, Sie für immer von Mangel und Beschränkungen befreien und Sie auf den Weg zu einem von Herrlichkeit und Gelassenheit geprägten Leben führen.

Was die unendliche Macht des Geistes für andere bewirkt hat

Ich lehre und schreibe nun schon seit über 30 Jahren im In- und im Ausland über die Wunder wirkenden Kräfte des Geistes. Dabei habe ich im Leben zahlloser Menschen, die sich ernsthaft auf diese Kräfte eingelassen haben, folgende Ergebnisse miterlebt:

- Reichtum in großer Fülle
- Neue Freunde und wunderbare Gefährten
- Schutz vor allen möglichen Gefahren
- Heilung sogenannter unheilbarer Krankheiten
- Befreiung von Selbstverachtung und Selbstzweifeln
- Ruhm, Ehre und öffentliche Anerkennung

- Neue Kraft und Lebenslust
- Glück und Frieden in einer Ehe, die vorher von Zerwürfnissen geprägt war
- Gelassenheit trotz aller Umbrüche in der Welt
- Und vor allem die Freude über erhörte Bitten

Die Wunder wirkende Kraft funktioniert in allen Bereichen und auf allen Ebenen des Lebens. Meinen Beobachtungen und Erfahrungen zufolge stammen die Menschen, die sich diese unendliche Kraft zunutze machen, aus allen Schichten der Gesellschaft und jeder Einkommensklasse. Unter ihnen sind Schüler und Studentinnen, Sekretärinnen, Taxifahrer, Professoren, Forscherinnen, Apothekerinnen, Banker, Ärzte, Chiropraktiker, Hausfrauen, Firmenchefinnen, Filmregisseure, Schauspielerinnen und Fernfahrer.

Alle diese Menschen haben die geheimnisvolle, aber ganz und gar reale Macht entdeckt, die sie von Not, Mangel, Verzweiflung und Misserfolgen befreite und ihre Probleme ausräumte, ihre Tränen trocknete, sie aus emotionalen und finanziellen Verstrickungen löste, sie auf den Weg in die Freiheit von frustrierenden Belastungen führte und ihnen Ruhm, Glück und großartige neue Chancen auf ein erfülltes Leben einbrachte. Außerdem entdeckten diese Menschen eine magische Liebe, die ihre geschundenen und gebrochenen Herzen und ihre Seelen heilte.

Ein praktischer Ansatz

Was die unendliche Macht ganz besonders macht, ist ihre praktische und alltägliche Anwendbarkeit. Sie werden lernen, Ihre angeborene außergewöhnliche Fähigkeit zu nutzen, sich auf Geschehnisse der Zukunft einzulassen und sich von der Intuition leiten zu lassen.

Alle nötigen Methoden, um sich die unendliche Macht in Ihrem Inneren zu erschließen, finden Sie hier in Form von einfachen, direkt anwendbaren Techniken und Formeln, die auf den Alltag zugeschnitten sind. Dabei werden nicht nur Ihre Fragen beantwortet, sondern auch Lösungen für spezielle Probleme geboten, darunter: wie man zu Selbstvertrauen und Gelassenheit gelangt, wie man beruflichen Erfolg hat, wie man die außersinnliche Wahrnehmung einsetzt, um Gutes für sich selbst und andere zu erwirken, wie man sich von der göttlichen Macht leiten lässt, wie oft man für einen kranken Menschen beten sollte, wie man am besten mit dem Arzt kooperiert und wie man Affirmationen effektiv einsetzt. Dieses Buch erklärt Ihnen, warum Ihre Gebete bisher möglicherweise nicht erhört wurden und wie Sie um göttliche Anleitung bitten und diese erkennen. Es beschreibt in klaren Worten und auf praktische Weise alles, was nötig ist, damit Sie die gewaltigen Kräfte des Unendlichen sofort nutzen können.

Lassen Sie in Ihrem Leben Wunder geschehen

Die größten Wahrheiten im Leben sind auch die einfachsten. In diesem Teil bringe ich Ihnen diese großen Wahrheiten so einfach und klar wie möglich nahe. Ich zeige Ihnen, wie Sie sich über alle Probleme erheben können, die Sie möglicherweise haben, und wie Sie sich leiten lassen und Ihr Bitten erhört wird.

Wenn Sie die hier beschriebenen Anweisungen befolgen, um die verborgene unendliche Macht in sich freizusetzen, wird Ihr Leben jeden Tag reicher, besser, schöner und herrlicher werden. Machen Sie sich die unendliche Macht zunutze, dann werden Sie eine Fülle an guten Dingen anziehen.

Fangen Sie gleich damit an, setzen Sie die wunderbare Kraft in sich frei und lassen Sie lauter Wunder in Ihrem Leben geschehen.

Kapitel 1

Bereichern Sie Ihr Leben

Die unendliche Macht in Ihrem Inneren kann Sie von Krankheit, Melancholie, Misserfolgen und Enttäuschungen erlösen und Sie auf den Weg zu Gesundheit, Glück, Fülle und Sicherheit führen. Ich habe wundersame Verwandlungen bei Männern und Frauen aus allen Gesellschaftsschichten und auf der ganzen Welt beobachten können, sobald sie den Kontakt zu dieser Macht herstellten und sie freisetzten.

Vor einigen Monaten habe ich mich in einem Krankenhaus zwei Stunden lang mit einem völlig verzweifelten Alkoholiker unterhalten. Daraufhin begann er, sich die Macht zunutze zu machen – und ist heute ein starker, von Lebenskraft beseelter und glücklicher Mann, der ein erfolgreiches Geschäft betreibt. Seine Verwandlung fand »im Handumdrehen« statt: Auf einmal durchströmte ihn die unendliche Heilkraft. Seine Probleme schmolzen dahin, sein unsteter Geist kam zur Ruhe und der Mann lebt wieder mit seiner Frau und seinen Kindern zusammen.

Die unendliche Macht wartet nur darauf, dass Sie sie freisetzen – ganz sicher. Sie ist in der Lage, Ihr Leben so radikal und auf so wunderbare Weise auf den Kopf zu stellen, dass selbst enge Freunde Sie nach ein paar Wochen oder Monaten möglicherweise nicht wiedererkennen.

Diese unendliche Macht stellte die Erlösung für einen verurteilten Verbrecher dar, der mehrere Menschen ermordet hatte, jetzt aber von göttlicher Kraft erfüllt ist und anderen dabei hilft, ein gutes und friedvolles Leben zu führen. Dieser Mann sagte zu mir: »Einen Monat nachdem ich die Verbindung zur unendlichen Macht in mir hergestellt hatte, von der Sie mir erzählt hatten, betrachtete ich mich im Spiegel und erkannte plötzlich, dass ich nicht mehr derselbe war. Heute könnte ich keines meiner früheren Verbrechen mehr begehen.« Dann fügte er hinzu: »Ich frage mich langsam, ob dieser Mörder überhaupt ich war.« Der Mann hatte die Macht in sich entdeckt, die sogar Kerkertüren öffnet, und sie hatte ihn befreit. Die unendliche Heilkraft hatte seine Seele wiederhergestellt.

Auch bei Ihnen kann diese geheimnisvolle unendliche Macht Wunder wirken. Beim Durchlesen dieses und der folgenden Kapitel werden Sie erkennen, dass Sie den Fluss der Macht so steuern können, dass Sie auf ganz neue Ideen kommen, die ein Vermögen wert sind. Dafür ist nichts weiter notwendig als ein offener Geist und der Wunsch, ein erfülltes, glückliches, spannendes und reiches Leben zu führen.

Wie Sie diese außergewöhnliche Macht nutzen können

Im Laufe der Zeit haben viele Menschen eine unendliche Macht entdeckt, die ihnen ihre verborgenen Talente enthüllte. Sie erlangten Inspiration, aber auch wunderbare Erkenntnisse aus dem unendlichen Lager in ihrem Inneren. Diese Macht kann Sie mit der nötigen Weisheit, Kraft und Motivation ausstatten, um die von Ihnen erwählten Ziele zu erreichen. Dafür müssen Sie nichts weiter tun, als mit der Macht zusammenarbeiten und sich auf sie einlassen.

Sie können die unendliche Macht dafür nutzen, den passenden Geschäftspartner oder die richtigen Freunde zu finden; sie kann Ihnen aber auch das perfekte Haus verschaffen. Sie können erfolgreicher werden, als Sie es sich je erträumt hätten, und voller Freude die Freiheit genießen, zu sein, zu tun und zu erreichen, was Ihr Herz begehrt.

Ein Hotelpage entdeckt den Schlüssel zum Aufstieg

Auf einer meiner Reisen hielt ich einen Vortrag in der kanadischen Stadt Ottawa. Im Anschluss sprach mich ein junger Mann an und erzählte mir, er habe zwei Jahre lang als Hotelpage in New York gearbeitet, bis ihm ein

Gast ein Taschenbuch mit dem Titel *Die Macht Ihres Unterbewusstseins* schenkte – mein Buch. Der junge Mann hatte es viermal gelesen und die Anweisungen befolgt. Eine Zeit lang wiederholte er jeden Abend: »Ich werde befördert. Ich habe Erfolg. Ich habe Geld.« Er schlief jeden Abend mit diesen Worten im Kopf ein, bis er nach etwa zwei Wochen plötzlich zum Assistenten der Geschäftsführung und sechs Monaten später zum Geschäftsführer einer Hotelkette ernannt wurde. Er wusste, dass das, was ihn durchströmte, die Macht Gottes war. »Denken Sie nur«, meinte er. »Ich habe mehrere Jahre meines Lebens nur einen Bruchteil meines Potenzials ausgeschöpft.« Dieser Mann hatte gelernt, die unendliche Macht in seinem Inneren freizusetzen, und nun hatte diese wunderbare Kraft sein ganzes Leben neu geordnet.

Wie eine Studentin ihre Schwierigkeiten überwand

Vor ein paar Jahren kam eine junge Studentin auf Bitten ihres Vaters zu mir. Sie tat sich im Studium sehr schwer. Ich sprach mit ihr und stellte fest, dass sie durchaus klug war und eine Menge über die Funktionsweise des Geistes wusste. Daher fragte ich sie: »Warum verachtest du dich so? Woher kommt diese Geringschätzung deiner selbst?« Sie wurde tiefrot und sagte: »Oh, ich bin der Dummkopf der Familie. Vater sagt, dass ich es nie weit bringen werde, dass meine Brüder klug sind und nach ihm kommen, ich aber genauso beschränkt bin wie meine verstorbene Mutter.« Darauf antwortete ich: »Du bist ein Kind Gottes. Die unendliche Macht, die Eigenschaften, Fähigkeiten und die Weisheit Gottes sind auch in dir und warten darauf, freigesetzt und genutzt zu werden. Richte deinem Vater von mir aus, dass er niemals so furchtbar negative Dinge zu seiner Tochter sagen sollte, sondern dich stattdessen ermuntern und daran erinnern sollte, dass die unendliche Intelligenz Gottes in dir wirkt und dir antwortet, wenn du sie anrufst. Sag ihm auch, dass deine Gene wahrscheinlich zu einem größeren Teil von ihm stammen als von deiner Mutter.«

Ich wies sie an, die folgende Affirmation jeden Morgen vor der Uni und jeden Abend vor dem Schlafengehen zu wiederholen:

Ich bin ein Kind Gottes. Ich werde meine inneren Kräfte nie wieder unterschätzen und mich nie wieder irgendwie herabsetzen. Ich preise Gott in mir. Ich weiß, dass er mich liebt und für mich sorgt. So steht es geschrieben: Er kümmert sich um euch. (1. Petrusbrief 5,7) Ich sauge alles, was ich im Studium lese und höre, auf und kann es unverzüglich wiedergeben, wenn danach gefragt wird. Ich strahle Liebe für meinen Vater, meine Brüder und meine Lehrer aus, und auch für meine Mutter in der nächsten Dimension, die dort, wie ich weiß, glücklich und frei ist. Die unendliche Intelligenz leitet mich durch mein Studium und enthüllt mir alles, was ich zu irgendeiner Zeit wissen muss.

Ich achte mich selbst und weiß mich jetzt ganz neu zu schätzen, da mir bewusst ist, dass mein wahres Ich göttlich ist. Immer wenn ich dazu neige, mich zu kritisieren oder zu verurteilen, werde ich sofort sagen: »Gott liebt mich und sorgt für mich. Ich bin seine Tochter.«

Dieses Prozedere befolgte sie getreulich, und ich freue mich, berichten zu können, dass ihre Noten bald besser wurden und sie schließlich einen exzellenten Abschluss erreichte. Sie hatte entdeckt, was die unendliche Macht ausrichten konnte, und nutzte sie. Sie widersetzte sich den negativen Einfluss ihres Vaters und begann, den Gott in ihrem Inneren zu preisen.

Wie Sie die unendliche Macht nutzen können, um sich Ihre Träume zu erfüllen

Wenn Sie die Prinzipien der unendlichen Macht so einsetzen, wie sie auf diesen Seiten beschrieben sind, wird sich Ihr Leben auf wunderbare und fantastische Weise zum Guten verändern. Ihre Träume, Wünsche, Vorstellungen und Ziele im Leben sind Gedanken, Ideen und Bilder in Ihrem Geist. Sie müssen sich bewusst machen, dass Ihre Ideen und Wünsche im Geist genauso real sind wie Ihre Hände oder Ihr Herz. Sie verfügen über eine Form, eine Gestalt und über Substanz, wenn auch in einer anderen Dimension. Jedes Kapitel dieses Buchs wird

Ihnen zeigen, wie Sie Ihre Wünsche akzeptieren, wie Sie sich klarmachen, dass sie real sind, und spüren, dass die unendliche Macht in Ihrem Inneren sie gemäß der göttlichen Ordnung umsetzen wird. Die unendliche Intelligenz, die Ihnen diese Wünsche eingibt, wird Ihnen auch den perfekten Plan liefern, um sie sich zu erfüllen. Dafür müssen Sie diese Macht nur akzeptieren und an sie glauben.

Das Leben – ein spannendes Abenteuer

Die Wunder wirkende Macht des Unendlichen existierte bereits, bevor Sie und ich geboren wurden, noch bevor es die Kirche oder sogar die Welt selbst gab. Die großen, ewigen Wahrheiten und Prinzipien des Lebens, die Sie heilen, inspirieren und erheben, sind älter als alle Religionen. Ihnen steht eine Reise in die Tiefen Ihres Geistes bevor, um dort zu lernen, wie dieser funktioniert, und von der wundervollen, magischen, heilenden und verwandelnden Kraft zu hören, die alle Tränen fortspült. Sie werden sehen, wie sie die Wunden der Menschen verbindet, die an gebrochenem Herzen leiden, dem von Angst beherrschten, krankheitsgeplagten Geist Freiheit verschafft und Sie vollständig von den selbst auferlegten Ketten der Armut, des Misserfolgs, der Krankheit, der Enttäuschung und der Beschränkungen aller Art befreit.

Dafür müssen Sie einfach nur die simplen, aber wissenschaftlich fundierten Methoden befolgen, die in den folgenden Kapiteln beschrieben sind, und dann mental und emotional mit dem Guten, das Sie erfahren wollen, *eins werden*. Dann wird Sie die unendliche Macht zur Erfüllung Ihres Herzenswunsches führen.

Die mentale und spirituelle Reise, zu der Sie nun aufbrechen, wird das wundervollste »Kapitel« Ihres Lebens darstellen – eine heilende und aufschlussreiche Erfahrung, die sich als aufregend und lohnend erweisen und Ihnen Freude bereiten wird. Fangen Sie noch heute damit an. Lassen Sie Wunder in Ihrem Leben geschehen! Bleiben Sie hartnäckig, bis der Tag anbricht und sich die Schatten verziehen.

Kapitel 2

Stellen Sie die Weichen für ein reicheres Leben

Sie wurden dazu geboren, zu siegen und alle Hindernisse in Ihrem Leben zu überwinden. Gott ist in Ihnen und wandelt und spricht durch Sie. Er ist das Lebensprinzip in Ihnen. Durch Sie fließt das Göttliche und Sie sind hier, um alle Eigenschaften, Fähigkeiten und Aspekte Gottes auszuleben. So wichtig und großartig sind Sie!

Um im Spiel des Lebens zu den Siegern zu gehören, müssen Sie sich mit der kosmischen Kraft in Ihrem Inneren vereinen, und wenn Sie Ihre Gedanken und Gefühle auf diese unendliche Macht ausrichten, werden Sie feststellen, dass die kosmische Kraft zu Ihren Gunsten wirkt und Ihnen ein Leben voller Gewinne und Siege beschert.

Wie sich ein neues Selbstbild großzügig auszahlte

»Ich bin seit zehn Jahren in meiner Firma beschäftigt und habe in der Zeit weder eine Beförderung noch eine Gehaltserhöhung erhalten. Ich muss irgendetwas falsch machen«, beschwerte sich ein Mann, der hier John heißen soll, bitterlich in seinem ersten Gespräch mit mir. Während wir uns unterhielten, stellte ich fest, dass sich sein Geist von einem unterbewussten Muster des Misserfolgs steuern ließ.

John setzte sich ständig selbst herab, indem er zu sich sagte: »Ich tauge nichts, ich werde immer übergangen, ich verliere meinen Job, es ist einfach wie verhext.« Er war von Selbstverachtung und Selbstzweifeln erfüllt. Ich erklärte ihm, dass dies zwei der schlimmsten Gifte für den Geist seien und dass sie ihm die Lebenskraft, die Begeisterung, die Energie und die Urteilskraft raubten, was ihn letztendlich in ein körperliches und mentales Wrack verwandelte. Außerdem wies ich ihn darauf hin, dass negative Aussagen wie »Ich tauge nichts, ich werde immer übergangen« auf sein Unterbewusstsein wie Anweisungen wirkten, die dieses beim Wort nahm und daraufhin Blockaden, Verzögerungen, Mangel, Beschränkungen und Hindernisse aller Art erzeugte. Das Unterbewusstsein ist wie fruchtbarer Boden, in dem alle Arten von Samen keimen, erwünschte und unerwünschte, und der sie alle mit Nährstoffen versorgt.

Wie John den Grund für sein Scheitern in sich selbst fand

Er fragte mich: »Ist das der Grund dafür, dass ich bei unseren regelmäßigen Unternehmenskonferenzen immer übergangen und ignoriert werde?« Ich antwortete mit Ja, weil er in seinem Kopf ein Bild der Ablehnung geformt hatte und erwartete, gekränkt und ausgeschlossen zu werden. Er stand sich praktisch selbst im Weg. John war ein Beispiel der alten biblischen Weisheit *Wovor mir bangte, das traf mich auch* (Hiob 3,25).

Der Weg zum Erfolg

Doch John löste sich aus seinem Muster der Selbstverachtung, des Scheiterns und der Enttäuschung. Zunächst einmal legte ich ihm nahe, diese große Wahrheit zu verinnerlichen:

Eines aber tue ich: Ich vergesse, was hinter mir liegt, und strecke mich nach dem aus, was vor mir ist. Das Ziel vor Augen, jage ich nach dem Siegespreis: der himmlischen Berufung … (Philipperbrief 3,13f.)

John fragte: »Wie kann ich die Zurückweisungen, Kränkungen und Abfuhren vergessen? Das ist ziemlich schwer.« Ich erklärte ihm, es sei möglich, doch er müsse sich zu der klaren Entscheidung durchringen, die Vergangenheit hinter sich zu lassen und den Blick voller Entschlossenheit auf Erfolg, Siege, Ziele und Beförderungen zu richten. Das Unterbewusstsein spürt, ob wir das, was wir sagen, ernst meinen, und macht uns dann sofort darauf aufmerksam, wenn wir uns aus der Gewohnheit heraus selbst herabwürdigen, damit wir den Gedanken sofort zurücknehmen und uns wieder auf das Gute besinnen können.

John erkannte nun, was für ein Irrtum es gewesen war, wie dumm es war, die Enttäuschungen und Misserfolge der Vergangenheit mit in die Zukunft zu tragen. Das ist so, als schleppte man den ganzen Tag lang eine schwere Eisenstange auf den Schultern herum und sorgte so für Erschöpfung und Müdigkeit. Immer wenn John nun in Selbstzweifel oder Selbstverachtung zu verfallen drohte, wirkte er dem mit dem Satz *Ich habe Erfolg, mein Leben ist harmonisch, ich werde befördert* entgegen. Nach einer Weile ersetzte diese konstruktive Denkweise das negative Muster.

Wie John die Kontrolle über sein Unterbewusstsein erlangte

Ich empfahl ihm diese einfache Technik, um auf sein Unterbewusstsein einzuwirken: Er solle sich bildlich vorstellen, wie seine Frau ihm zu seiner Beförderung gratulierte und ihn dabei überglücklich umarmte. Er malte sich die Szene sehr lebhaft und real aus, indem er seine Aufmerksamkeit ganz nach innen richtete, sich entspannte und sich vollkommen auf das Bild seiner Frau konzentrierte. Er stellte sich vor, wie er sagte: »Schatz, ich habe heute eine gewaltige Beförderung erhalten, mein Chef hat mich gelobt und ich werde jährlich 5000 Dollar mehr verdienen! Ist das nicht toll?« Dann malte er sich ihre Antwort aus, er hörte ihren Tonfall und sah ihr Lächeln und ihre Gesten vor sich. In seinem Kopf war das alles real. Dieser mentale Film wanderte langsam durch eine Art Osmose aus seinem Bewusstsein in sein Unterbewusstsein. Vor ein paar Tagen kam John zu mir und sagte: »Ich muss es Ihnen unbedingt erzählen: Ich bin zum Bezirksleiter ernannt worden! Der mentale Film hat gewirkt!«

Da John die Wirkungsweise des Geistes nun verstanden hatte, erkannte er, dass seine gewohnten Denkmuster in Verbindung mit dem mentalen Film in die Schichten seines Unterbewusstseins eindrangen, das dadurch dazu angeregt wurde, all das anzuziehen, was er brauchte, damit seine lang gehegten Wünsche in Erfüllung gingen.

In der Bibel heißt es: *Alles, worum ihr betet und bittet – glaubt nur, dass ihr es schon erhalten habt, dann wird es euch zuteil. (Markus 11,24)* Das bedeutet ganz einfach, dass Sie alle guten Dinge, nach denen es Sie verlangt, empfangen werden, wenn Sie glauben und in freudiger Erwartung ihres Eintreffens leben. John glaubte fest daran, dass er Lob, Anerkennung, eine Beförderung und eine Gehaltserhöhung erhalten würde. Und deshalb kam es auch so.

John ist heute ein ganz neuer Mensch, ein glücklicher Mensch. Er ist fröhlich und sprudelt über vor lauter Lebensfreude. Seine Augen strahlen und in seiner Stimme schwingt ein neuer Tonfall mit, der auf Selbstbewusstsein und Gelassenheit schließen lässt.

Wie ein mentaler Film eine Million Dollar einbrachte

Im Spa-Hotel in Palm Springs unterhielt ich mich einmal mit einem Mann aus San Pedro, der mir erzählte, mit 40 sei sein Leben von Enttäuschungen und Misserfolgen geprägt gewesen, was ihn deprimiert und ernüchtert habe. Daraufhin habe er einen Vortrag zum Thema »Das Wunder des Geistes« besucht, den der mittlerweile verstorbene Weltreisende und Vortragsredner Dr. Harry Gaze in San Pedro gehalten habe.

Nach diesem Vortrag, erzählte der Mann, habe er begonnen, an sich selbst und seine inneren Kräfte zu glauben. Er hatte immer schon ein Kino besitzen und betreiben wollen, war aber stets gescheitert und hatte kein Geld. Daher überlegte er sich diese Affirmation: *Ich weiß, dass ich Erfolg haben kann, ich werde ein Kino besitzen und betreiben.*

Er erzählte mir, dass er heute fünffacher Millionär ist und zwei Kinos besitzt. Trotz der scheinbar unüberwindbaren Hindernisse hat er sein Ziel erreicht. Sein Unterbewusstsein wusste, dass er es ernst meinte und wirklich Erfolg haben wollte. Es kennt unseren inneren Antrieb und unsere wahren Überzeugungen. In der Bibel steht: *Beschließt du etwas, dann trifft es ein …* (Hiob 22,28)

Für diesen Mann war die magische Formel des Erfolgs das Bild, das er im Geist mit sich herumtrug und dem er treu blieb, sodass sein Unterbewusstsein ihm die Dinge offenbarte, die er für die Erfüllung seines Traums benötigte.

Triumph einer Schauspielerin

Einmal kam eine junge Schauspielerin zu mir und beklagte sich bitterlich über ihr Lampenfieber und die Panik, die sie überkam, wenn sie zum Vorsprechen oder zu Probeaufnahmen eingeladen war. Sie sei jetzt schon dreimal gescheitert, jammerte sie und hörte gar nicht mehr auf.

Ich stellte rasch fest, was ihr wahres Problem war: In ihrem Geist hatte sich das Bild festgesetzt, wie sie vor der Kamera in Panik ausbrach, und so verurteilte sie sich selbst zum Scheitern, wie schon einst Hiob: *Wovor mir bangte, das traf mich auch.* (Hiob 3,25)

Wie sie zu Selbstvertrauen und Gelassenheit fand

Ich lehrte die junge Schauspielerin die Wirkungsweise von Bewusstsein und Unterbewusstsein, und sie verstand, dass sie, wenn sie sich auf konstruktive Gedanken konzentrierte, automatisch auch die Vorteile herbeiführte, die diese Gedanken mit sich brachten. Also erstellte sie einen Plan, um ihr Denken entsprechend umzustellen, in dem Bewusstsein, dass es ein Gesetz des Geistes gibt, das auf alles reagiert, was man für sich beschließt, aber natürlich nur, wenn man wirklich daran glaubt. Je öfter man beispielsweise sagt: *Ich habe Angst,* desto mehr Angst erzeugt man. Andererseits gilt aber auch, dass die häufige Wiederholung von *Ich bin von Glauben und Selbstvertrauen erfüllt* für mehr Selbstvertrauen und Selbstsicherheit sorgt.

Ich empfahl ihr, die folgenden Affirmationen auf eine Karteikarte zu schreiben:

Ich bin selbstsicher, ausgeglichen und von Frieden erfüllt.
Ich fürchte kein Unheil, denn Gott ist bei mir.
Ich bin stets ruhig, gelassen, heiter und entspannt.
Ich glaube an und vertraue auf die einzige Macht, die es gibt – Gott.
Ich bin dazu geboren, zu gewinnen, Erfolg zu haben und zu triumphieren.
Ich bin erfolgreich bei allem, was ich mir vornehme.
Ich bin eine tolle Schauspielerin und äußerst erfolgreich.
Ich strahle Liebe, Harmonie und Frieden aus und bin eins mit Gott.

Diese Karteikarte trug sie immer bei sich und richtete ihre Aufmerksamkeit in Zügen, Flugzeugen und mehrmals am Tag auf die Aussagen. Nach drei oder vier Tagen konnte sie sie auswendig. Durch die ständige Wiederholung sanken sie in ihr Unterbewusstsein ein, und die junge Frau entdeckte, dass diese Affirmationen mit ihren positiven spirituellen Schwingungen die ungesunden Muster aus Angst, Zweifeln und Unzulänglichkeit verdrängten. Sie war plötzlich gelassen, ruhig, ausgeglichen und voller Selbstvertrauen – sie hatte die kosmische Kraft entdeckt, die ein perfektes Leben ermöglichte.

Wie der mentale Film ein Wunder bewirkte

Die folgende Technik wandte sie jeden Morgen, Nachmittag und Abend etwa fünf bis sechs Minuten lang an: Sie setzte sich ruhig auf einen Stuhl, entspannte sich und tat so, als befände sie sich vor der Kamera – locker, gelassen und ausgeglichen. In dieser Vorstellung war sie eine sehr erfolgreiche Schauspielerin und hörte, wie der Autor und ihr Agent ihr gratulierten. Sie lebte die Rolle so intensiv, wie es nur eine gute Darstellerin kann, und ließ die Szene sehr real und lebhaft wirken. Sie spürte, dass die kosmische Kraft, die die Welt antreibt, auch den Film in ihrem Kopf durchdrang und sie sie zu großartigen Leistungen antrieb.

Wenige Wochen später verschaffte ihr der Agent eine weitere Probeaufnahme, und sie war von der Vorstellung des Triumphs so befeuert und beflügelt, dass sie einen brillanten Auftritt hinlegte. Heute feiert sie einen Erfolg nach dem anderen und ist auf bestem Wege, ein großer Star zu werden.

Was Sie reich und erfolgreich macht, steckt in Ihrem Inneren

Als ich auf Hawaii war, führte ich eine interessante Unterhaltung mit einem Mann im Kona Inn. Er erzählte mir eine faszinierende Geschichte aus seiner Kindheit. Er war in London zur Welt gekommen, und als er noch sehr jung war, hatte ihm seine Mutter erklärt, dass er in eine arme Familie hineingeboren sei, sein Cousin jedoch in ein Leben voller Luxus und Reichtum, weil das die Art und Weise sei, wie Gott für Ausgleich sorge. Der Mann sagte, dass er erst später entdeckte, was sie damit gemeint hatte: Er sei in einem früheren Leben sehr reich gewesen, und nun glich Gott das aus, indem er ihn zurück auf die Erde schickte, um dort ein Leben in Armut zu führen.

»Das hielt ich für ausgemachten Unsinn«, erklärte er. »Außerdem erkannte ich, dass das kosmische Gesetz nicht auf die einzelne Person sieht, sondern dass Gott alle *gemäß ihrem Glauben* beschenkt und auch ein Multimillionär erleuchtet und spirituell sein kann. Unter den Ärmsten fanden sich hingegen auch böswillige, egoistische, neidische und gierige Menschen.«

Als Jugendlicher verkaufte der Mann in London Zeitungen und putzte Fenster, aber er besuchte eben auch die Abendschule und absolvierte neben der Arbeit ein Studium. Heute zählt er zu den besten Chirurgen Englands. Sein Lebensmotto lautet: »Folge deiner Vision.« Seine Vision war es gewesen, Arzt zu werden, und sein

Unterbewusstsein hatte entsprechend auf dieses Bild, das er in seinem Bewusstsein entworfen hatte, reagiert.

Der Vater des Cousins war Multimillionär gewesen und hatte seinem Sohn alles ermöglicht: Privatlehrer, Bildungsreisen nach Europa und ein fünfjähriges Studium in Oxford. Er hatte dem Sohn Bedienstete, Autos und genügend Geld zur Verfügung gestellt. Doch der Cousin erwies sich als Versager. Er war verwöhnt, hatte kein Selbstvertrauen und war kein bisschen eigenständig. Für ihn gab es keinen Anreiz, keine Hürden, die er bewältigen musste, keine Klippen, die zu umschiffen waren. Er wurde Alkoholiker und scheiterte an der Kunst zu leben.

Welcher von beiden war arm, welcher reich? Der Chirurg hatte alle Hindernisse, die ihm im Weg gestanden hatten, überwunden. Er erkläre mir, er sei dankbar, dass sein Leben so verlaufen sei. »Gerechtigkeit ist eine Frage der Geisteshaltung, und wer sich mit einem Penny pro Tag zufriedengibt, wird auch nicht mehr bekommen.« Dieser Mann hatte entdeckt, dass Reichtum, Erfolg und Wohlergehen von der Einstellung abhängen. Denn was man in seinem Unterbewusstsein sät, wird man ernten.

Warum Sie jederzeit die Chance Ihres Lebens haben

Vor Kurzem sagte ein Mann zu mir: »Ich hatte im Leben keine Chance. Ich wurde in eine arme Familie geboren, wir hatten nie genug zu essen. In der Schule lernte ich Jungen kennen, deren Väter schicke Häuser, eigene Swimmingpools, Autos und genug Geld hatten. Das Leben ist so unfair!«

Ich erklärte ihm, dass bittere Armut oft der Antrieb zu größtem Erfolg ist. Ein schönes Haus, ein Pool, Reichtum, Ansehen, Erfolg, eine goldene Kutsche, ein Rolls-Royce – all das sind Ideen im Geist des Menschen, der eins ist mit dem unendlichen Geist Gottes.

Helen Kellers Schlüssel zum Glück

Ich legte dem Mann dar, dass viele Menschen absolut unlogisch, irrational und unwissenschaftlich denken. Sie sagen beispielsweise, dass Helen Keller besser nie hätte geboren werden sollen, da sie als Kind ihr Seh- und ihr Hörvermögen einbüßte. Doch sie setzte die Kraft ihres Geistes ein, und so lernten ihre blauen Augen, die Farben einer prunkvollen Oper wahrscheinlich besser zu »sehen« als die meisten Menschen. Und ihre tauben Ohren »hörten« die Crescendos, Diminuendos und das gesamte Spektrum der Orchestermusik. Helen war sich der klaren Töne des lyrischen Soprans bewusst und verstand den Humor des Werks.

Helen Keller erreichte Großartiges. Durch Meditationen und Affirmationen erweckte sie ihr inneres Auge und beflügelte so den Geist und das Herz von hör- und sehbehinderten Menschen auf der ganzen Welt. Sie verschaffte Tausenden ans Haus Gefesselten auf der ganzen Welt Glauben, Selbstvertrauen, Freude und gewaltige seelische Erbauung. Dadurch hat sie viel mehr erreicht als viele Menschen, die sehen und hören können. Sie hat kein Pech gehabt und war nicht von Geburt an benachteiligt. So etwas wie unter- oder überprivilegierte Menschen gibt es nicht.

Der magische Schlüssel zum Erfolg

Helen Kellers Geschichte bewegte den Mann zutiefst, und ich formulierte den kosmischen Plan des Erfolgs für ihn, und zwar in Form dieser Affirmation:

Ich befinde mich am mir vorherbestimmten Platz in der Welt. Ich mache das, was ich am liebsten tue, und bin glücklich. Ich habe ein schönes Haus, eine liebevolle, tolle Frau und ein neues Auto. Ich stelle der Welt meine Talente zur Verfügung, und Gott zeigt mir Wege auf, wie ich der Menschheit noch besser dienen kann. Ich akzeptiere von Herzen, dass sich mir eine neue und wundervolle Gelegenheit eröffnen wird. Ich weiß, dass mich die göttliche Macht auf allen Wegen zu meiner höchsten Ausdrucksform leitet. Ich glaube, dass mir Fülle und Sicherheit *zustehen, und nehme beides an. Ich glaube daran, dass sich mir nun großartige und tolle Gelegenheiten bieten werden. Ich glaube, dass ich Erfolge feiern werde, die ich mir in meinen kühnsten Träumen nicht ausgemalt hätte.*

Diese Affirmation druckte er sich auf eine Karteikarte, die er stets bei sich trug, und wiederholte sie systematisch dreimal täglich 15 Minuten lang. Wenn er einen Anflug von Angst oder Sorge verspürte, zog er die Karte hervor und rezitierte diese Wahrheiten, in dem Wissen, dass negative Gedanken von den wertvolleren konstruktiven Gedanken getilgt und zerstreut werden.

Die Kraft des Glaubens in Aktion

Ihm wurde bewusst, dass Ideen durch Wiederholung, Glauben und die Erwartung an das Unterbewusstsein übermittelt werden, und so machte sich dessen Wunder wirkende Macht daran, die neuen Eindrücke zu verarbeiten, da es in ihrer Natur liegt, auf Gedankengewohnheiten zu reagieren.

Drei Monate später trafen all die Dinge ein, die der Mann in seiner Affirmation ansprach. Heute ist er verheiratet, besitzt ein schönes Haus, führt eine eigene Firma, die seine Frau für ihn gekauft hat, macht das, was er am liebsten macht, und ist glücklich. Er sitzt im Stadtrat und engagiert sich bei den Pfadfindern und in anderen ehrenwerten Organisationen. Er nutzte die Chance seines Lebens – und das können Sie auch!

Wie ein Verkäufer eine Beförderung erwirkte

Ein Arzneimittelverkäufer war seit acht Jahren nicht befördert worden, obwohl einige seiner Kollegen, die weniger qualifiziert schienen, in der Zwischenzeit mit höheren Aufgaben betraut worden waren. Sein Problem war, dass er an einem Ablehnungskomplex litt.

Mein Rat an ihn lautete, weniger hart zu sich selbst zu sein und sich selbst mehr zu mögen, denn in Wahrheit ist unser Ich göttlicher Natur. Ich erklärte ihm, dass er das Haus sei, in dem Gott lebte, und dass er der göttlichen Macht, die ihn erschaffen, ihm Leben eingehaucht und ihn mit göttlichen Fähigkeiten ausgestattet hatte, einen gesunden, demütigen und zuträglichen Respekt entgegenbringen sollte. Das würde ihm ermöglichen, alle Hindernisse zu überwinden, zu Wohlstand zu gelangen und die Fähigkeit zu entwickeln, ein erfülltes und glückliches Leben zu führen.

Der Verkäufer erkannte schnell, dass konstruktive Gedanken ihn die gleiche Menge Energie kosteten wie destruktive. Er beschloss, nicht mehr darüber nachzudenken, warum ihm der Erfolg verwehrt blieb, sondern sich stattdessen Gründe zu überlegen, die für ein erfolgreiches Leben sprachen. Dafür nutzte er die folgende Affirmation:

Von diesem Augenblick an weiß ich mich ganz neu zu schätzen. Ich erkenne meinen wahren Wert. Ich höre auf, mir selbst mit Ablehnung zu begegnen, und werde mich nie wieder herabsetzen. Wenn ich in Selbstzweifel verfalle, sage ich sofort: »Ich preise Gott in mir.« Ich respektiere und würdige mein göttliches Wesen. Ich empfinde einen gesunden, demütigen und zuträglichen Respekt für die unendliche Macht in meinem Inneren, die alles weiß und alles kann. Sie ist ewig und eine sich selbst erneuernde Präsenz und Kraft. Bei Tag und bei Nacht entwickle und verbessere ich mich, spirituell, mental und finanziell.

Der Verkäufer nahm sich jeden Tag dreimal Zeit dafür, diese Wahrheiten zu verinnerlichen, und gelangte so langsam zu Gelassenheit und Ausgeglichenheit. Außerdem entwickelte er ein Gespür für seinen wahren Wert. Nach etwa drei Monaten wurde er zum Verkaufsleiter für den gesamten Mittleren Westen der USA ernannt. In einem Brief, den ich kürzlich von ihm erhielt, schrieb er: »Dank Ihnen bin ich auf dem Weg nach oben.«

Die Zauberspiegeltechnik

Zusätzlich zu diesem mentalen und spirituellen Training empfahl ich ihm die uralte Spiegelbehandlung, damit er ein richtiges Gespür für den Wert und die Bedeutung seiner selbst entwickelte – eines Menschen mit einzigartigen und herausragenden Talenten und Fähigkeiten, die noch nicht freigesetzt waren, sondern bisher nur in ihm schlummerten. Diese Technik wandte er so an:

Jeden Morgen nach dem Rasieren schaute ich in den Spiegel und erklärte mir kühn, eindringlich und ganz bewusst: »Tom, du bist absolut einzigartig, du bist ein Riesenerfolg, du bist von Glauben und Selbstvertrauen durchdrungen und enorm reich. Du bist liebevoll, auf Harmonie bedacht und steckst voller Inspiration.« Ich werde eins mit Gott und bin dadurch in der Überzahl. Das mache ich jeden Morgen. Ich bin begeistert davon, wie viele wunderbare Veränderungen sich seitdem in meinem Beruf, auf meinem Konto, in meinem Freundeskreis und meinem Privatleben ergeben haben. Es ist jetzt zwei Monate her, dass Sie mir die beiden Affirmationsmethoden beigebracht haben, und ich bin seitdem zum Vertriebsleiter für den Mittleren Westen aufgestiegen.

Der Verkäufer identifizierte sich voll und ganz mit den Wahrheiten aus den Affirmationen und entwickelte ein ganz neues Bild von sich selbst, was für Gelassenheit, Ausgeglichenheit, Wohlergehen und Selbstvertrauen bei ihm sorgte. Er glaubte vorbehaltlos daran, dass sein Unterbewusstsein auf die Aktivitäten seines Bewusstseins reagierte, und entdeckte so eine wichtige psychologische Wahrheit der Bibel für sich: *Alles kann, wer glaubt.* (Markus 9,23)

Wie ein Büroleiter charakterliche Schwächen überwand

In einem Gespräch sagte ein Büroleiter zu mir, dass ihn seine Mitarbeiter für zu herrisch, zu kritisch und zu mürrisch hielten; die Geschäftsführung habe sich bereits über die hohe Zahl der Kündigungen beschwert.

Ich erklärte ihm, dass ein übermäßig autoritäres Auftreten meist ein Zeichen für mangelndes Selbstvertrauen sei – der Betroffene versuche so, sich seine Selbstsicherheit zu beweisen. Man kann über ein ruhiges, strukturiertes Gemüt verfügen, nie jemanden arrogant herumkommandieren und trotzdem selbstsicher sein. Ein lautes, großmäuliges Auftreten weist dagegen auf einen Mangel an Aufrichtigkeit und innerem Gleichgewicht hin.

Auf meinen Vorschlag hin begann er, seine Mitarbeiter zu loben, wenn sie gute Arbeit geleistet hatten, und stellte fest, dass sie darauf meistens ebenfalls positiv reagierten, da es ihr Selbstvertrauen aufbaute. Er unterließ es, sie ständig zu kritisieren und an ihnen herumzunörgeln, was die Harmonie im Büro gestört hatte, und hörte auch damit auf, sich innerlich selbst zu erniedrigen, was der wahre Grund für seine Probleme gewesen war.

Durch eine geheime Technik zum Erfolg

Um weniger mürrisch zu sein, gewöhnte er sich an, tief durchzuatmen und das mit einer speziellen Affirmation zu verbinden. Beim Einatmen sagte er: »Ich bin«, und beim Ausatmen: »fröhlich«. Mit etwas Übung gelang es ihm, den Zeitraum zwischen dem Einatmen und dem Ausatmen zu verlängern. Das wiederholte er 50, ja, 100 Mal, bis das Unterbewusstsein darauf reagierte. Heute sagt er, dass er die besten Ergebnisse erreiche, wenn er sowohl beim Einatmen als auch beim Ausatmen »Ich bin fröhlich« denkt. Das ist ein Beweis für die körperlichen Auswirkungen des Wohlbefindens, das üblicherweise auf tiefe Atemzüge folgt und auch das Übermitteln von konstruktiven Vorstellungen an das Unterbewusstsein begünstigt.

Außerdem führte der Mann mehrmals täglich ein mentales und spirituelles Ritual durch, indem er laut aussprach:

Von diesem Augenblick an verzichte ich auf Selbstvorwürfe. Ich weiß, dass nichts in dieser Welt perfekt ist, und mir ist bewusst, dass das auch für meine Mitarbeiter und Geschäftspartner gilt. Ich erfreue mich an ihrem Selbstvertrauen, ihrem Glauben, ihrer Kooperation und ihrem Interesse an erfolgreich erledigter Arbeit. Ich identifiziere mich stets mit den guten Eigenschaften aller meiner Partner.

Ich empfinde immer großes Selbstvertrauen, wenn ich etwas tue, was ich gut kann, und werde auch in anderen Bereichen jeden Tag selbstsicherer. Ich weiß, dass Selbstvertrauen und Selbstsicherheit Gewohnheiten sind, die ich mir genauso antrainieren kann, wie ich mir vor Kurzem das Rauchen abgewöhnt habe. Ich ersetze Schüchternheit durch Sicherheit, Glauben und das Vertrauen in eine all-

mächtige Kraft, die auf meine Denkgewohnheiten reagiert. Ich pflege einen freundlichen Umgang mit meinen Mitarbeitern. Ich spreche die göttliche Macht in ihnen an und wiederhole ständig: »Durch die Kraft Gottes, die mich stärkt, kann ich alles erreichen.« Wenn ich mir selbst gegenüber zu kritisch werde, ersetze ich diese Gedanken sofort durch: »Ich preise Gott in meinem Inneren.«

Der Büroleiter machte es sich zur Angewohnheit, diese Wahrheiten etwa sechsmal am Tag langsam, ruhig und ganz bewusst zu wiederholen. Er baute eine neue, konstruktive Gewohnheit auf, die die alte verdrängte. Nach sechs Wochen war er wie verwandelt, voller Gelassenheit und Selbstsicherheit. Später wurde er zum Vizepräsidenten des Unternehmens befördert und verdiente viel Geld.

Die Bibel hat recht, wenn sie dazu aufruft: … *wandelt euch und erneuert euer Denken …* (Römerbrief 12,2)

Kapitel 3

Erlangen Sie die Kontrolle über Ihr Leben

Ich erhalte ständig Briefe aus aller Welt und konnte feststellen, dass viele der Verfasser große Schwankungen erleben, was Glück und Erfolg im Leben angeht. Die meisten schreiben so etwas wie: »Ein paar Monate lang läuft alles gut, sowohl gesundheitlich als auch finanziell, und dann muss ich plötzlich ins Krankenhaus, habe einen Unfall oder verliere eine Menge Geld.« Bei anderen heißt es: »Manchmal bin ich glücklich, fröhlich, energiegeladen und sprudele vor Begeisterung über, doch dann fühle ich mich ganz plötzlich total niedergeschlagen. Ich verstehe das nicht.«

Vor Kurzem sprach ich mit einem Manager, der vor einigen Monaten auf dem Gipfel des Erfolgs stand, bis, wie er es selbst formulierte, »alles über ihm zusammenbrach«. Er verlor sein Haus, seine Frau verließ ihn und er erlitt einen gewaltigen Verlust an der Börse. Mich fragte er nun: »Warum bin ich so hoch aufgestiegen und dann so plötzlich abgestürzt? Was mache ich falsch? Wie kann ich diese Schwankungen in den Griff kriegen?«

Wie dieser viel beschäftigte Manager sein Leben selbst in die Hand nahm

Er wollte dem ewigen Auf und Ab entkommen, das er in Bezug auf Glück und Gesundheit erlebte, und ein ausgeglichenes Leben führen. Ich erklärte ihm, dass er sein Leben genauso lenken könne, wie er sein Auto jeden Morgen zur Arbeit lenkte: Eine grüne Ampel heißt »freie Fahrt« – man kann den Fuß von der Bremse nehmen und Gas geben. Bei Rot hält man an, und wenn man die Verkehrsregeln befolgt, erreicht man sein Ziel gemäß der göttlichen Ordnung.

Ich gab ihm die folgende spirituelle Formel mit, die er jeden Tag dreimal sprechen sollte: morgens, bevor er ins Auto stieg, mittags nach dem Essen und abends vor dem Schlafengehen.

Ich weiß, dass ich die Gedanken und Bilder in meinem Kopf steuern kann. Ich habe die Kontrolle über sie und kann mein Denken auf das ausrichten, was ich mir wünsche. Ich weiß, dass ich eine göttliche Macht in mir trage, die ich nun aufwecke und die auf mein Rufen reagiert. Mein Geist ist Gottes Geist, und ich spiegele stets die göttliche Weisheit und Intelligenz wider. Mein Gehirn steht für meine Fähigkeit, klug und spirituell zu denken. Ich bin stets gelassen, ausgeglichen und ruhig. Gottes Ideen beherrschen meinen Geist und lenken ihn; meine Stimmung, meine Gesundheit und meine Finanzen sind von nun an keinen starken Schwankungen mehr unterworfen. Meine Gedanken und Worte sind immer konstruktiv und kreativ.

Meine Worte sind von Leben, Liebe und Gefühl durchdrungen; das macht meine Affirmationen, Gedanken und Worte kreativ. Die göttliche Intelligenz wirkt durch mich und enthüllt mir, was ich wissen muss. Ich bin von Frieden erfüllt.

Der Manager machte es sich zur Gewohnheit, diese Affirmation regelmäßig und systematisch zu wiederholen, und schaffte es dadurch, seinen Geist auf Harmonie, Gesundheit und Gelassenheit auszurichten. Heute leidet er nicht mehr unter den Schwankungen, von denen er sprach, und führt ein heiteres, ausgeglichenes und kreatives Leben.

In der Bibel steht: *Sein Sinn ist fest; du schenkst ihm Ruhe und Frieden; denn es verlässt sich auf dich.* (Jesaja 26,3)

Wie eine Universitätsdozentin ihren Frust überwand

Eine Dozentin eröffnete ein Gespräch mit mir mit den Worten: »Es ist wie immer. Ich bin frustriert und habe in der Liebe versagt. Ich bin körperlich und geistig am Ende. Ich fühle mich schuldig und intellektuell unfähig. Henry Thoreau hatte recht, als er sagte, dass ein Großteil der Menschen ein Leben ›in stiller Verzweiflung‹[1] führt!«

Dabei war diese junge Frau attraktiv, belesen, sehr intelligent und intellektuell äußerst fähig, doch sie erniedrigte sich selbst, war übermäßig selbstkritisch und verachtete sich – alles tödliche Gifte für den Geist, die uns die Lebenskraft, die Begeisterung und die Energie rauben und uns als körperliches und mentales Wrack zurücklassen.

Ich erklärte ihr, dass wir alle gute und schlechte Tage erleben, dass jeder hin und wieder niedergeschlagen, traurig und krank ist, bis wir beschließen, die Kontrolle über unser Leben zu übernehmen und konstruktiv zu denken. Andernfalls fallen wir dem Geist der Masse zum Opfer, der an Krankheit, Unfälle, Unglück und Tragödien glaubt. Außerdem meinen wir dann, den Umständen und Gegebenheiten ausgeliefert und ein Opfer unserer Erziehung und Veranlagung zu sein.

Das magische Gefühl, frustrierende Denkmuster aufzugeben

Unsere Geistesverfassung, unsere Überzeugungen, Ansichten und Einstellungen lenken und bestimmen unsere Zukunft. Ich erklärte der Dozentin, dass ihre momentane Situation durch die Macht und die Auswirkungen von Tausenden von Gedanken, Bildern und Gefühlen begründet war, die sie bewusst und unbewusst erzeugt und über viele Jahre wiederholt hatte.

»Außerdem«, fügte ich hinzu, »sind Sie, wie Sie mir erzählt haben, mehrmals durch Europa, den Orient und

Nordamerika gereist, aber nie in *Ihr Inneres*. Sie sind wie der Fahrstuhlführer, der sagt: ›Ich fahre den ganzen Tag lang auf und ab, aber ich komme nie irgendwo an.‹ Sie wiederholen immer wieder die alten Denkmuster und hegen leere Hoffnungen – es ist eine ewig gleiche Routine, begleitet von ständigem mentalem Aufruhr, Chaos und Klagen über Ihre Vorgesetzten, die Studierenden und die Universitätsverwaltung.«

Die mentale und spirituelle Reise

Also beschloss die Frau, einen Neuanfang zu wagen, aus der alten Routine auszubrechen und von nun an die Schönheit, die Herrlichkeit und die Vorzüge des Lebens zu genießen. Mehrmals am Tag sprach sie die folgende Affirmation aus, in dem Wissen, dass das, was sie bewusst akzeptierte, den Weg in ihr Unterbewusstsein fand und dass sie ihren Geist durch die Wiederholung auf den Erfolg, das Glück und die Lebensfreude ausrichten würde, die sie verdiente. Die spirituelle Medizin, die sie mehrmals täglich mit den Augen und den Ohren aufnahm, lautete so:

Ich werde mental und spirituell in mein Inneres reisen und dort die Schatzkammer der Ewigkeit entdecken. Ich werde die alte Routine unwiderruflich durchbrechen. Ich suche mir jeden Tag eine andere Strecke zur Arbeit, auf dem Hinweg und auf dem Rückweg. Mein Denken wird nicht mehr von den Schlagzeilen, Klatsch und Tratsch oder negativen Gedanken über Mangel, Beschränkungen,

Krankheiten, Krieg und Not bestimmt. Ich weiß, dass alles, was ich im Leben tue und erlebe, auf meinem Denken basiert – bewusst oder unbewusst. Mir ist klar, dass der Geist der Masse auf mein Unterbewusstsein einwirkt, wenn ich nicht für mich selbst denke. Er übernimmt das Denken für mich, mit größtenteils negativen und zerstörerischen Folgen.

In meinem Kopf findet nun eine Revolution statt, und ich weiß, dass sich mein Leben durch diese Erneuerung verwandelt. Ich höre sofort auf, über meine *Lebensumstände zu schimpfen und gegen sie anzukämpfen, da ich weiß, dass das meine Probleme nur befeuert. Ich bejahe hiermit voller Freude, dass ich ein Geschöpf Gottes bin und dass Gott mich dort braucht, wo ich mich befinde; ansonsten wäre ich nicht hier. Gott ist ein aktiver Teil meines Lebens und sorgt für allumfassende Harmonie und Gelassenheit.*

Die ständige Wiederholung dieser Affirmation bewirkte wahre Wunder im Leben der Dozentin. Sobald sie dem konstruktiven, zuversichtlichen Denken grünes Licht gegeben hatte und zu der Überzeugung gelangt war, dass alle geistigen Samen, die sie in ihrem Unterbewusstsein aussäte, gemäß ihrer Natur Früchte hervorbrachten, fand sie auch die Liebe: Sie heiratete den Rektor der Universität. Sie ist befördert worden und hat tief greifende spirituelle Erfahrungen gemacht, die ihr gezeigt haben, dass sie ein großes künstlerisches Talent hat, was ihr seitdem viel Freude bereitet. Sie lebt nun aus, was zuvor in ihr gefangen war. Affirmationen können wirklich Leben verändern!

Wie ein Geschäftsmann sein Unternehmen zurück auf die Erfolgsspur brachte

Ein Apotheker gestand mir: »Ich bin am Ende! Wie kann ich wieder auf die Beine kommen? Diebe haben mir Waren und Geld im Wert von vielen Tausend Dollar aus dem Laden gestohlen, und meine Versicherung erstattet mir nur einen Teil davon. Ich habe ein kleines Vermögen an der Börse verloren. Wie soll ich in dieser Situation konstruktiv denken?«

»Nun ja«, antwortete ich ihm, »was Sie denken, bestimmen immer nur Sie. Was Sie verloren haben, hat nichts damit zu tun, wie Sie darüber denken. Wichtig ist nicht, was das Leben Ihnen antut, sondern wie Sie darauf reagieren.«

Ich wies den Mann darauf hin, dass die Diebe und die Verluste an der Börse ihm nicht die Nächte und die Tage, seine Gesundheit, die Sonne, den Mond oder die Sterne nehmen konnten – die Dinge, die das Brot der Seele sind.

Außerdem sagte ich zu ihm: »Sie sind mental und spirituell reich. Sie haben eine gütige und verständnisvolle Frau, die Sie liebt, und zwei wunderbare Kinder, die studieren. Niemand kann Ihnen Ihr Wissen über Arzneimittel und pharmazeutische Chemie oder Ihren Geschäftssinn und Ihren Verstand nehmen – all das sind Reichtümer des Geistes. Die Diebe haben Ihnen auch nicht Ihr Wissen über das Gesetz des Unterbewusstseins und die Wirkungsweise des unendlichen Geistes geraubt. Es ist töricht von Ihnen, nur das Negative zu sehen. Preisen Sie die Schönheit des Guten! Es ist jetzt an der Zeit, die Gabe Gottes in Ihrem Inneren zu entfachen und ins Licht zu gehen. Verbünden Sie sich mit der universellen Präsenz und Macht, die Ihnen die Reichtümer des Lebens vielfach zurückbringen wird.«

Das kosmische Gesetz von Aktion und Reaktion

»Sie wissen ja«, sagte ich ihm, »dass Gewinn und Verlust immer vom Geist bestimmt sind. Daher sollten Sie den Verlust einfach nicht anerkennen, sondern sich mental und emotional mit den 30.000 Dollar identifizieren, die Sie verloren haben. Was Sie im Geist für sich beanspruchen und für wahr halten, wird von Ihrem Unterbewusstsein gewürdigt und herbeigeführt. Das ist das kosmische Gesetz von Aktion und Reaktion, das universell gilt.«

Also formulierte er folgende Affirmation:

Ich bin stets auf der Hut vor negativem Denken, und ich verschließe meinen Geist dagegen, wann immer es hineindrängt. Ich glaube an die unendliche Macht, die stets zum Guten wirkt. Mein Glaube ist auf die Güte und die Anleitung durch den unendlichen Gott gerichtet. Ich öffne mein

Herz und meinen Geist für den göttlichen Geist und finde zu immer mehr Kraft, Weisheit und Verständnis.

Ich identifiziere mich mental und emotional mit den 30.000 Dollar und weiß, dass ich nichts verlieren kann, wenn ich den Verlust nicht anerkenne, was ich keinesfalls tun werde. Ich weiß, wie mein Unterbewusstsein funktioniert. Es verstärkt alles, was ich an es übermittle; daher wird das Geld in vollem, gehäuftem, überfließendem Maß zurückkehren.

Ich weiß, dass ich nun nicht mehr dem Auf und Ab des Lebens ausgeliefert bin, sondern ein dynamisches, kreatives, ausgeglichenes und zielgerichtetes Leben führen werde. Ich weiß, dass die Affirmation eine Betrachtung der Wahrheit Gottes vom höchsten Standpunkt aus ist. Ich weiß, dass die Gedanken und Ideen, die mir oft im Kopf umhergehen, meinen Geist prägen und über meine Erfahrungen bestimmen. Die allumfassende Gegenwart Gottes wacht über meine Familie, mein Geschäft und alle meine Investitionen, und Gottes Schutz umgibt, umhüllt und umfängt mich. Ich bin geborgen. Ich weiß, dass die ewige Wachsamkeit der Preis des Friedens, der Harmonie, des Erfolgs und des Wohlergehens ist. Wenn ich den Blick fest auf Gott gerichtet halte, wird mir kein Übel geschehen.

Der Apotheker machte es sich zur Gewohnheit, diese ewigen Wahrheiten regelmäßig zu wiederholen. Nach einigen Wochen rief ihn sein Börsenmakler an und teilte ihm freudig mit, dass sich seine Verluste durch eine Erholung der Kurse wieder ausgeglichen hätten. Außerdem erhielt der Mann ein lukratives Angebot für ein Stück Land, das er seit zehn Jahren besaß; er verkaufte es für 60.000 Dollar, obwohl er selbst nur 5000 Dollar dafür bezahlt hatte.

Er hatte die wundervolle Wirkungsweise des Geistes für sich entdeckt und erkannte, dass er den Höhen und Tiefen des Lebens nicht hilflos ausgeliefert war.

Die negativen Auswirkungen des Geistes der Masse

Der Begriff *Geist der Masse* bezeichnet den Geist, der in den über sieben Milliarden Menschen auf der Welt wirkt. Sie alle verbindet ein gemeinsamer Geist, und es ist nicht sonderlich schwierig, sich vorzustellen, was für Bilder, Gefühle, Ansichten, Irrglauben und hässliche, negative Gedanken darin eingehen.

Zwar lassen auch Millionen Menschen auf der ganzen Welt Gedanken der Liebe, des Glaubens, des Selbstvertrauens, des Wohlwollens, des Friedens und des Erfolgs sowie Freude über Siege, erreichte Leistungen und die Bewältigung von Problemen in den Geist der Masse – der manchmal auch als »universelles Bewusstsein« bezeichnet wird – einfließen, doch sie sind noch stark in der Unterzahl.

Der Geist der Masse wird von negativen Empfindungen dominiert. Er glaubt an Unfälle, Krankheiten, Unglück, Kriege, Verbrechen und alle möglichen Katastrophen. Im Geist der Masse herrscht die Angst, und die Kinder der Angst heißen Hass, Missgunst, Feindseligkeit, Ablehnung, Wut und Krankheit.

Es ist daher durchaus einleuchtend, dass man allen möglichen Irrungen und Wirrungen ausgeliefert ist, wenn man für sich selbst denken möchte, bis man lernt, die Macht des Unterbewusstseins gekonnt einzusetzen – und sich gegen den Geist der Masse zu schützen. Wir alle spüren seinen Einfluss, die negativen Auswirkungen, den Reiz und die Macht von Propaganda und der Meinungen anderer. Und solange wir uns weigern, »geradeaus« zu denken, werden wir in Bezug auf Glück und Unglück, Gesundheit und Krankheit, Reichtum und Armut eine wilde Achterbahnfahrt erleben. Wenn wir nicht vom Standpunkt der ewigen Prinzipien und Wahrheiten Gottes aus für uns selbst denken, werden wir nur ein Teil der Masse sein und unweigerlich extremen Erfahrungen ausgesetzt sein.

Wie man sich gegen diese negativen Auswirkungen wehrt

Gegen den negativen Einfluss des Geistes der Masse, der unseren Geist konstant attackiert, können Sie sich zur Wehr setzen, indem Sie durch konstruktive Gedanken und Vorstellungen die vollständige Kontrolle über Ihren

Geist erlangen. Sie können sich über das schädliche Wirken des Geistes der Masse erheben. In der Bibel steht: *Und ich, wenn ich … erhöht bin, werde alle zu mir ziehen.* (Johannes 12,32) – das heißt, wer seinen Geist auf eine höhere Ebene erhebt, indem er sich mit den Prinzipien der Harmonie, der Gesundheit, des Friedens, der Freude, der Schönheit und der Perfektion identifiziert und *sich das zur Gewohnheit macht*, wird dank des Gesetzes der Anziehungskraft genau diese Eigenschaften Gottes anziehen.

Die folgende Affirmation eignet sich optimal dafür, sich über den Geist der Masse zu erheben und gegen die falschen Überzeugungen und Ängste der Menschheit immun zu werden:

Gott existiert, und seine Gegenwart durchströmt mich in Form von Harmonie, Gesundheit, Frieden, Freude, Schönheit und Perfektion. Gott denkt, spricht und handelt durch mich. Ich werde auf all meinen Wegen von ihm geleitet. Das rechte göttliche Handeln lenkt mein Tun. Das göttliche Gesetz bestimmt mein gesamtes Leben. Ich bin immer vom heiligen Kreis der Liebe Gottes umgeben, sein heilendes Licht umfängt und umhüllt mich. Wenn meine Gedanken in Richtung Angst, Zweifel oder Sorge abschweifen, weiß ich, dass dies der Geist der Masse ist, der in mir wirkt. Dann versichere ich mir sogleich: »Meine Gedanken sind Gottes Gedanken, seine Macht durchströmt meine guten Gedanken.«

Wenn Sie diese Affirmation verinnerlichen, werden Sie sich über die Unstimmigkeiten, die Irrungen, die Extremsituationen und die Tragödien des Lebens erheben. Sie werden kein Auf und Ab mehr erfahren, sondern ein konstruktives, energiegeladenes und aktives Dasein voller Kreativität führen, das vom Rhythmus des Lebens geprägt ist.

Wie man sich auf das Unendliche ausrichtet

Vor einigen Monaten schrieb mir eine Frau aus North Carolina, dass die Welt vor die Hunde ginge: unsere Moral verkäme, überall herrsche Korruption und Gewalt, Verbrechen und Skandale seien unter Jugendlichen an der Tagesordnung. Dann fügte sie hinzu: »Wir können jederzeit von einer Atombombe ausgelöscht werden. Wie richten wir unser Leben inmitten all dieser Verkommenheit, Pornografie und des Sündenpfuhls, in dem wir uns befinden, auf Gott aus?«

In meiner Antwort gestand ich ein, dass ihre Beobachtungen zuträfen, verwies sie aber auf die Bibel: *Zieht darum weg aus ihrer Mitte und sondert euch ab.* (2. Korintherbrief 6,17) Sie müsse in der Lage sein, sich über diese schlimmen Zustände zu erheben und trotzdem ein erfülltes und glückliches Leben zu führen. Dafür müsse sie sich nur umschauen, dann werde sie Tausende Menschen entdecken, die glücklich, energiegeladen und frei seien, die ein konstruktives Leben führten und der Menschheit auf ganz unterschiedliche Weise dienten.

Wir haben im 19. Jahrhundert ein Extrem erlebt, als die Sexualität mit Tabus und strikten Einschränkungen belegt war, und diese Unterdrückung bewirkte, dass das Verhalten der Menschen ins Gegenteil umschlug und zu der Sittenlosigkeit und der Unmoral führte, die heute in einigen Teilen der Welt herrscht.

Die Natur erzeugt Extreme. Durch die Industrialisierung entstanden Fabriken, in denen die Menschen – sogar Kinder – unter unbeschreiblichen Bedingungen arbeiteten und dafür schlecht bezahlt, untergebracht und ernährt wurden – es war eine Art Leibeigenschaft. Später schlug das Pendel in England, den USA und anderen Ländern in die entgegengesetzte Richtung aus, als einige Gewerkschaften so gierig wurden, dass sie die Unternehmen, die ihre Mitglieder beschäftigten, in den Ruin trieben.

Die Affirmation, die ein Leben veränderte

Eine alte hebräische Weisheit besagt: »Ewiger Wandel ist die Wurzel allen Seins.« Sie müssen einen Anker in sich finden, an dem Sie sich festhalten können, um Veränderungen vornehmen zu können. Richten Sie sich ganz auf die unendliche Macht in Ihrem Inneren aus und lassen Sie sich von ihr leiten. Sie können der göttlichen Weisheit in Ihrem Bewusstsein zur Macht verhelfen, indem Sie bestimmen, dass diese Weisheit Ihr Denken prägt, Ihnen als Leuchte dient und Ihren Weg erhellt. Hier ist die Affirmation, die ich der geplagten Frau in North Carolina schickte:

Mir ist bewusst, dass ich die Welt nicht verändern kann, dafür aber mich selbst. Die Welt besteht aus einer Vielzahl von Individuen, und ich weiß, dass Menschen, die vom Geist der Masse, schädlichen Einflüssen und populären Ansichten beherrscht werden, immer Gefahr laufen, Tragödien, Sorgen, Unfälle, Krankheiten und Misserfolge zu erleiden, bis sie lernen, ihren Geist mit göttlichen Ideen zu füllen, die sie heilen, inspirieren, sie glücklich machen und ihnen zu Würde verhelfen. Mir ist bewusst, dass der Großteil der Menschen unter dem Einfluss des Geistes der Masse steht, der von Fehlern, falschen Überzeugungen und negativen Gedanken aller Art geprägt ist.

Von diesem Augenblick an kämpfe ich nicht länger gegen Umstände und Gegebenheiten an und weigere mich, mich über Nachrichten über Umstürzler, Sittenlosigkeit und Korruption auf höchster Ebene aufzuregen. Ich schreibe Abgeordneten, Filmproduzenten und Zeitungsredaktionen von nun an konstruktive Briefe und dränge auf richtiges Handeln, Schönheit, Harmonie und Frieden für alle Menschen. Ich richte mich ganz auf das Unendliche aus; die göttliche Ordnung bestimmt mein Leben. Ich werde von ihr geleitet und beflügelt. Die göttliche Liebe erfüllt meine Seele, und Wellen des Lichts, der Liebe, der Wahrheit und der Schönheit verbinden sich zu einer gewaltigen

Flut aus spirituellen Schwingungen, die alle Menschen in die Höhe erheben. Denn es steht geschrieben: Und ich, wenn ich … erhöht bin, werde alle zu mir ziehen. (Johannes 12,32)

Ein glückliches Ende

Vor Kurzem rief mich die junge Frau wieder an und sagte: »Ihr Brief hat mir absolut die Augen geöffnet. Ich schwebe auf Wolke sieben! Jetzt weiß ich, dass ich niemanden verändern kann bis auf mich selbst. Dadurch, dass ich mich auf das Unendliche ausgerichtet habe, bin ich nun auf Gottes Gegenwart in den Herzen aller Männer und Frauen auf der Welt ausgerichtet!«

In der Bibel steht: *Alle, die deine Weisung lieben, empfangen Heil in Fülle; es trifft sie kein Unheil.* (Psalm 119,165)

Kapitel 4

Erschließen Sie sich die unendliche Macht für jede Phase Ihres Lebens

Auf einer Vortragsreise sprach ich einst vor einer Gruppe von Menschen in den Bergen von Colorado. Beim anschließenden Mittagessen meinte der Gastgeber, dass die meisten Leute sich zu viele Sorgen machten und sich so selbst ein erfülltes und glückliches Leben verwehrten.

Er erzählte mir von einem älteren Mann, der in einer Berghütte ganz in der Nähe gelebt hatte. Seinen Nachbarn hatte er leidgetan, weil er immer müde, niedergeschlagen, ängstlich und einsam gewirkt hatte. Er trug abgerissene Kleidung, fuhr ein uraltes Auto und schien nichts zu haben, wofür er lebte, keine Verwandten und keine Freunde. Hin und wieder ging er einkaufen und fragte dabei immer nach altem Brot und dem billigsten Essen, für das er dann mit sorgsam abgezählten Münzen bezahlte.

Als er schließlich ein paar Wochen lang von niemandem gesehen wurde, gingen die Nachbarn zu seiner Hütte und stellten fest, dass er gestorben war. Der Sheriff durchsuchte seine Habseligkeiten nach den Namen von Verwandten oder einem Hinweis auf seine Identität.

Zum allgemeinen Erstaunen stellte sich heraus, dass der arme, alte Mann mehr als 100.000 Dollar in 25-Dollar-Bündeln besessen hatte. Er hatte in jungen Jahren offensichtlich viel Geld verdient und es nie angelegt oder zur Bank gebracht.

Er verfügte also über ein kleines Vermögen, hatte es aber nie dazu benutzt, ein schönes Leben zu führen oder anderen damit Gutes zu tun. Er hatte es nicht einmal so investiert, dass es ihm Zinsen und Dividende einbrachte. Mein Gastgeber sagte, der alte Mann sei von Angst beherrscht gewesen. Seine große Furcht sei gewesen, andere Menschen könnten von seinem Geld erfahren und es ihm stehlen. Er hatte immer sehr negativ gedacht, obwohl er sowohl innerlich als auch äußerlich reich gewesen war und ein gutes Leben hätte führen können. Er hätte viel Glück und Freude erfahren können.

Sie verfügen über einen Schatz

In Ihrem Inneren befindet sich die Schatzkammer des Unendlichen. Sie haben den Schlüssel dazu, nämlich Ihre Gedanken, die Ihnen in jeder Hinsicht noch viel mehr Reichtum einbringen können, als ihn der einsame und ängstliche alte Mann hatte – und mehr von allem, was Sie sich wünschen!

Sie besitzen den Schlüssel zur erstaunlichsten und herrlichsten Macht der Welt – der Macht des Unendlichen in Ihrem Inneren. Die Bibel sagt: *Das Reich Gottes ist mitten unter euch.* (Lukas 17,21) Machen Sie sich bewusst, dass es diese innere Macht gibt, dann wird alles, was Sie sich wünschen, eintreffen.

Denken Sie daran: Ihre Macht ist eine göttliche Macht, die die meisten Menschen für gewöhnlich aus Unwissenheit nicht einsetzen. Sie verfügen über einen Schatz, den Sie teilen können, indem Sie die Gabe Gottes in Ihrem Inneren wecken. Sie können die Gaben der Liebe und des Wohlwollens anderen zukommen lassen, Sie können ihnen ein Lächeln schenken und sie fröhlich grüßen, Sie können Ihren Kollegen und Angestellten Komplimente machen und ihnen Ihre Wertschätzung zeigen, Sie können Ihre kreativen Ideen und die Liebe Gottes mit Ihren Mitmenschen teilen.

Sie können die Intelligenz und die Weisheit Gottes in Ihren Söhnen und Töchtern erkennen und sie bewusst und nachdrücklich so einsetzen, dass Ihre Wünsche für Ihre Kinder in Erfüllung gehen. Sie können eine neue Idee haben, die ein Vermögen wert ist, und sie der Welt präsentieren – vielleicht ein Lied, eine Erfindung, ein Theaterstück, ein Buch oder eine kreative und wirksame Innovation in Ihrem Berufszweig, die Ihnen und anderen hilft.

Denken Sie daran, dass sich Ihnen nur die Gelegenheiten bieten, die Sie sich selbst verschaffen. Sie haben die Chance Ihres Lebens! Fangen Sie jetzt damit an, die unendliche Quelle in Ihrem Inneren anzuzapfen, und Sie werden einen Schritt nach vorn, nach oben und auf Gott zugehen.

Wie Sie sich Ihre innigsten Wünsche erfüllen

Vor einigen Jahren erzählte Vera Radcliffe, die Organistin in meiner Kirche in Los Angeles, die packende Geschichte des Pianisten Ignacy Paderewski, der viele Hindernisse überwinden musste, bevor er weltberühmt wurde. Ihm war von renommierten Komponisten und Musikexperten der Zeit nahegelegt worden, dass er als Pianist keine Zukunft habe und die Sache vergessen solle. Die Professoren am Warschauer Konservatorium, wo er studierte, taten alles, um ihn von seinem Traum abzubringen. Sie wiesen ihn darauf hin, dass seine Finger nicht passend geformt seien und dass er es stattdessen mit dem Komponieren von Stücken versuchen solle.

Paderewski ignorierte diese negativen Äußerungen und konzentrierte sich ganz auf die Kräfte in seinem Inneren; ihm war klar, dass er über einen Schatz verfügte, den er mit der Welt teilen wollte, nämlich göttliche Melodien und die Musik der Sphären.

Er übte fleißig und unermüdlich, jeden Tag mehrere Stunden lang. Bei Tausenden seiner Konzerte war er von Schmerzen geplagt, und hin und wieder bluteten seine malträtierten Hände, wie Mrs Radcliffe erzählte. Doch er gab nicht auf, und seine Beharrlichkeit zahlte sich aus. Die in ihm verborgenen Kräfte reagierten auf sein Verlangen und seine Anstrengungen. *Er wusste, dass der Schlüssel zum Triumph in der Verbindung zur* göttlichen Macht in seinem Inneren lag.

Mit der Zeit fand Paderewskis musikalisches Genie Anerkennung auf der ganzen Welt, und Menschen unterschiedlichster Herkunft huldigten diesem Mann, der tief in seinem Inneren den großen Musiker gespürt und eine Verbindung zu ihm aufgebaut hatte – zum höchsten Architekten des Universums an sich.

Paderewskis Erfolgsgeheimnis

Wie der Pianist verfügen auch Sie über die Fähigkeit, die negative Einflussnahme von Autoritätsfiguren zurückzuweisen, die Ihnen erklären, Sie könnten nicht das sein, was Sie sein wollen. Machen Sie sich genau wie Paderewski klar, dass die göttliche Präsenz, die Ihnen den Wunsch und das Talent eingab, die gleiche Macht ist, die Ihnen Türen öffnen und einen perfekten Plan für die Erfüllung Ihrer Träume enthüllen wird.

Vertrauen Sie auf die göttliche Kraft in Ihrem Inneren, dann werden Sie feststellen, dass diese innere Macht Sie erheben, heilen, beflügeln und Sie auf den Weg zu Glück, Gelassenheit und der Erfüllung Ihrer Wünsche führen wird.

Wie man mit den Ungerechtigkeiten der Welt zurechtkommt

Bei einem Aufenthalt auf Hawaii erzählte mir ein junger leitender Angestellter: »Es gibt einfach überhaupt keine Gerechtigkeit auf der Welt. Alles ist so unfair. Unternehmen haben keine Seele, sie haben kein Herz. Ich arbeite hart und bleibe auch nach Feierabend noch stundenlang im Büro, doch befördert werden die Leute unter mir, ich werde übergangen. Das ist alles so unfair und ungerecht!«

Meine Erklärung nahm dem jungen Mann seinen Zorn. Ich gab zu, es gebe durchaus Ungerechtigkeit in der Welt und »der Mensch hat mit Unmenschlichkeit schon Tausende bedrückt«[2], wie Robert Burns schrieb, doch das Gesetz des Unterbewusstseins sehe nicht auf die Person und sei immer überaus fair.

Ihr Unterbewusstsein lässt sich durch Ihre Gedanken prägen und reagiert entsprechend. Es sind die Segel, die Sie setzen, nicht die Winde, die über Ihren Weg entscheiden. Über Beförderungen oder Scheitern, über Erfolg oder Versagen entscheiden die Gedanken, Gefühle und Vorstellungen – mit anderen Worten: die Geisteshaltung –, die in Ihnen wirken, nicht die negativen Gedanken und die Angst, die Ihnen von außen entgegenwehen. Das Gesetz ist absolut gerecht und mathematisch korrekt, und was Ihnen widerfährt, entspricht exakt Ihren Denkgewohnheiten und Vorstellungen.

Ich erzählte dem jungen Angestellten die biblische Geschichte von den Arbeitern im Weinberg, die jeweils einen Denar erhielten. Diejenigen, die erst kurz vor Feierabend auftauchten, bekamen den gleichen Lohn wie die, die den ganzen Tag lang gearbeitet hatten, ebenso wie alle, die irgendwann dazwischen erschienen. Als die Männer bemerkten, dass die, die nur eine Stunde gearbeitet hatten, ebenso viel Geld erhielten wie sie, wurden sie zornig und neidisch, doch die Antwort lautete nur: *Hast du nicht einen Denar mit mir vereinbart?* (Matthäus 20,13)

In Kapitel 18, Vers 19 des Matthäusevangelium ist das Gesetz ganz deutlich formuliert: *Alles, was zwei von euch auf Erden gemeinsam erbitten, werden Sie von meinem himmlischen Vater erhalten.* Das bedeutet: Wenn Ihr Bewusstsein und Ihr Unterbewusstsein sich in ihrem Verlangen nach Beförderung, Erfolg, Fülle und dem richtigen Handeln einig sind, wird das Gesetz des Unterbewusstseins diese Vorgaben würdigen, ausführen und in Realität umsetzen.

Ich fügte hinzu: »Sie sind Ihrem Unternehmen gegenüber wütend und aufgebracht und empfinden Verachtung und Kritik. Diese negativen Gefühle dringen in Ihr Unterbewusstsein ein und haben Sie um die Beförderung, eine Gehaltserhöhung und Ihr Ansehen gebracht.«

Eine konkrete Formel zum täglichen Gebrauch

Ich gab ihm die folgende Affirmation mit, die er täglich sprechen sollte:

Ich weiß, dass die Gesetze des Geistes absolut gerecht sind und dass alles, was ich meinem Unterbewusstsein aufpräge, mathematisch genau und exakt in der äußeren Welt und meinen Erfahrungen reproduziert wird. Ich weiß, dass ich mir ein Geistesprinzip zunutze mache, und solche Prinzipien gelten immer, ganz unabhängig von der Person. Vor dem Gesetz des Geistes sind alle gleich, was heißt, dass ich das erfahre, woran ich glaube. Ich weiß, dass Gerechtigkeit Fairness, Rechtmäßigkeit und Unparteilichkeit bedeutet, und ich weiß, dass mein Unterbewusstsein nicht auf die Person sieht und unparteiisch ist.

Mir ist bewusst, dass ich zornig, abweisend und neidisch gewesen bin und mich selbst herabgesetzt, kritisiert und verurteilt habe. Ich habe mich psychisch getriezt, attackiert und gequält – dabei weiß ich, das gilt: »Wie innen, so außen.« Mein Chef und meine Kollegen haben nur das bestätigt, was ich subjektiv gedacht und gefühlt habe.

Was ich in meinem Geist akzeptiere, schlägt sich in meinen Erfahrungen nieder, ganz unabhängig von der Situation, den Umständen und davon, wer das Sagen hat. Ich wünsche allen meinen Kollegen Erfolg, Wohlergehen und Beförderungen und strahle Wohlwollen und Güte in alle Richtungen aus. Die Beförderung ist mein, der Erfolg ist mein, das rechte Handeln ist mein, der Wohlstand ist mein. Ich weiß, dass diese Wahrheiten in mein Unterbewusstsein – ins kreative Zentrum – übermittelt werden, wenn ich sie ausspreche, und dass ich wahre Wunder erleben werde.

Jeden Abend vor dem Einschlafen stelle ich mir vor, wie meine Frau mir zu meiner erfolgreichen Beförderung gratuliert. Ich durchlebe die Szene, als sei sie real, geistig und emotional. Meine Augen sind geschlossen, und ich bin wie in Trance, in einem passiven, empfänglichen Zustand, doch ich höre ihre Worte, spüre ihre Umarmung und sehe ihre Gesten. Der mentale Film ist lebhaft und realistisch, und ich schlafe in dieser Stimmung ein, in dem Wissen: Der Herr gibt es den Seinen im Schlaf. (Psalm 127,2)

Der Angestellte entdeckte, dass das Gesetz des Geistes (gemäß den entsprechenden Prinzipien) für Gerechtigkeit sorgte. Als er die richtigen Gedanken, Bilder und Gefühle in seinem Bewusstsein erzeugt hatte, reagierte sein Unterbewusstsein darauf. Das ist die Gerechtigkeit des Geistes. Dessen Gesetze sind immer gleich, gestern, heute und für immer. Nach ein paar Monaten, in denen der Mann diese Affirmation regelmäßig wiederholte, war er zum Vorsitzenden seines Unternehmens aufgestiegen und hat mehr Erfolg, als er sich je erträumt hätte.

Wie eine Frau ihren Reichtum verteilte und noch reicher wurde

Vor ein paar Jahren führte ich viele interessante Gespräche mit einer Kanadierin. Sie erklärte mir, dass sie Geld und Reichtum genauso betrachte wie die Luft zum Atmen. Sie fühlte sich frei wie der Wind. Seit sie ein Kind war, hatte die Frau verkündet: »Ich bin reich, ich bin eine Tochter Gottes. Gott hat mich reichlich mit Gaben beschenkt, die ich genießen kann.« So lautete ihre tägliche Affirmation.

Sie hat Millionen Dollar verdient und davon einen großen Teil an Universitäten gespendet, die dadurch Stipendienprogramme einrichten konnten, und in den entlegensten Ecken der Welt Krankenhäuser und Ausbildungszentren für Pflegepersonal gegründet. Es macht ihr Freude, ihr Geld klug, überlegt und konstruktiv einzusetzen, und sie ist heute noch reicher als früher.

Warum die Reichen immer reicher werden und die Armen immer ärmer

Eines Tages sagte sie zu mir: »Wissen Sie, die alte Redewendung trifft tatsächlich zu: ›Die Reichen werden immer reicher und die Armen immer ärmer.‹ Den Menschen, die im Bewusstsein von Wohlstand und Fülle leben, strömt das Geld durch das kosmische Gesetz der Anziehung nur so zu. Wer hingegen Armut, Entbehrungen und Mangel aller Art erwartet, lebt im Bewusstsein der Armut und zieht aufgrund der Wirkungsweise des Geistes noch mehr Mangel, Not und Entbehrungen an.«

Das stimmt. Viele Menschen, die in ärmlichen Verhältnissen leben, sind neidisch auf den Wohlstand ihrer Nachbarn und verurteilen ihn. Diese Einstellung führt zu noch mehr Mangel, Beschränkung und Armut in ihrem Leben. Sie haben, vermutlich unwissentlich, eine Blockade gegen gute Dinge aufgebaut. Dabei besitzen auch sie einen Schatz, den sie mit anderen teilen könnten, wenn sie ihren Geist öffneten und erkennen würden, dass sie über den Schlüssel verfügen, der die Tür zur Schatzkammer, zur Goldmine in ihrem Inneren aufschließt.

Jeder Mensch besitzt einen solchen Schatz, wie im nächsten Abschnitt erklärt wird.

Ein Schatz in nächster Nähe

Ein Freund von mir, der in Nordalaska lebte, schrieb mir einst, sein Leben sei unerträglich. Es habe sich als furchtbarer Fehler herausgestellt, dass er nach Alaska gezogen sei, um dort sein Glück zu suchen. Seine Ehe sei gescheitert, das Leben dort oben sei exorbitant teuer und er werde ständig betrogen und übervorteilt. Beim Scheidungsprozess habe er einen korrupten Richter erwischt, dessen Urteil ihn finanziell ruinierte. Der Brief endete mit den Worten, es gäbe keine Gerechtigkeit auf der Welt.

Was er sagte, stimmt in gewisser Weise. Wenn wir eine überregionale Zeitung aufschlagen, springen uns sofort die Artikel über Morde, Verbrechen, Diebstähle, Überfälle, Vergewaltigungen, Amtsvergehen, Korruption und bestechliche Richter und Politiker ins Auge – doch wir müssen uns klarmachen, dass all das menschengemacht ist und wir die Anweisung aus der Bibel befolgen sollten: *Zieht darum weg aus ihrer Mitte und sondert euch ab.* (2. Korintherbrief 6,17)

Sie können sich über den Geist der Masse, die Grausamkeiten der Menschen und die Gier erheben, indem Sie sich auf den Grundsatz des rechten Handelns und der absoluten Gerechtigkeit in Ihrem Inneren ausrichten. Gott ist absolute Gerechtigkeit, absolute Harmonie, pures Glück, grenzenlose Liebe, umfassende Freude, absolute Ordnung, unbeschreibliche Schönheit, absolute Weisheit und überragende Macht. All dies sind Eigenschaften und Fähigkeiten Gottes. Wenn Sie sich darauf besinnen, erheben Sie sich über die Ungerechtigkeit und die Grausamkeiten der Welt und erschaffen sich einen Glauben, der allen falschen Überzeugungen und irrgeleiteten Ideen widersteht.

Mit anderen Worten: Sie verschaffen sich eine göttliche Immunität – eine Art spirituellen Antikörper – gegen den Geist der Masse.

Diese Erklärung bildete die Einleitung meiner Antwort an meinen Freund. Ich schrieb ihm, dass er bleiben sollte, wo er war, und dass ich vermutete, er wolle nur vor seiner Verantwortung davonlaufen und sei auf der Suche nach einem Ausweg. Ich verfasste eine kurze Affirmation für ihn:

Wo ich bin, ist Gott. Gott wohnt in mir, und er braucht mich dort, wo ich jetzt gerade bin. Diese göttliche Gegenwart in mir ist unendlich intelligent und allwissend und enthüllt mir den nächsten Schritt, der mir den Weg zu den Schätzen des Lebens weist. Ich danke für die Antwort, die als intuitives Gefühl oder als plötzliche Idee eintreffen wird.

Der Freund befolgte meine Anweisung und versöhnte sich schließlich mit seiner Frau. Er kaufte sich eine Kamera und fotografierte die Landschaft in Nordkanada und Alaska, schrieb Kurzgeschichten und verdiente damit so viel Geld, dass es für ihn ein kleines Vermögen war. Ein Jahr später schickte er mir zu Weihnachten 2000 Dollar und empfahl mir, davon Urlaub in Europa zu machen, was ich auch tat.

Der Mann hatte sein Glück gefunden, indem er die Schatzkammer in seinem Inneren geöffnet hatte, was ihm vor Augen geführt hatte, dass sein Glück sich genau dort befand, wo er bereits war.

Wie ein Professor zu einem Vermögen kam

Kürzlich unterhielt ich mich mit einem Professor, der sehr zornig darüber war, dass sein Bruder, ein Fernfahrer, fast doppelt so viel verdiente wie er selbst. Er sagte: »Es ist so ungerecht. Wir müssen das System verändern. Ich habe mich sechs Jahre lang abgerackert, um meinen Doktortitel zu bekommen, und mein Bruder hat nicht mehr als die mittlere Reife!«

Dieser Professor war brillant in seinem Fachgebiet, aber er wusste nichts über die Wirkungsweise des Unterbewusstseins. Ich erklärte ihm, dass eine Kellnerin in meinem Lieblingsrestaurant mehr als 300 Dollar Trinkgeld pro Woche bekommt, und wies ihn darauf hin, dass es diese Ungerechtigkeiten, von denen er sprach, überall gibt.

Ich sagte, er könne sich über den Geist der Masse erheben, der manchmal auch als »universelles Bewusstsein« oder »das Gesetz des Durchschnitts« bezeichnet werde – den Geist der fünf Sinne, der vom Blickwinkel der Umstände, der Traditionen und aus der Situation heraus dachte.

Auf meine Empfehlung hin führte der Professor nun jeden Morgen die »Spiegelbehandlung« durch, die darin bestand, sich vor den Spiegel zu stellen und zu sich selbst zu sagen: »Der Wohlstand ist mein. Der Erfolg ist mein. Die Beförderung ist jetzt mein.« Das machte er täglich fünf Minuten lang, in dem Wissen, dass diese Ideen sich so in sein Unterbewusstsein einprägten.

Langsam bekam er das Gefühl, alle diese Dinge seien wahr, und nach einem Monat bot ihm eine andere Universität eine deutlich besser bezahlte Stelle an. Außerdem entdeckte er die Lust am Schreiben und fand einen großen Verlag, der sein Manuskript annahm, was ihm eine weitere beträchtliche Einkommensquelle eröffnete.

Der Professor entdeckte, dass er kein Opfer des »Systems« oder der festen Gehaltsstruktur seiner Universität war. Sein Glück war, dass er die verborgene Macht in seinem Inneren entdeckte.

Wie der Glaube einer Sekretärin Wunder für sie bewirkte

Eine Anwaltssekretärin beschwerte sich bei mir: »Mein Leben ist ein Desaster. Mein Chef und meine Kolleginnen verhalten sich mir gegenüber unfair und grausam. Ich werde schon mein ganzes Leben lang von meiner Familie schlecht behandelt. Ich muss irgendwie verflucht sein. Es bringt alles nichts. Ich sollte ins Wasser gehen.«

Ich erklärte ihr, dass sie grausam zu sich selbst sei und dass ihre Selbstkasteiung und ihr Selbstmitleid nur von außen bestätigt und untermauert würden. Anders ausgedrückt: Das Verhalten und die Taten der Menschen in ihrem Umfeld entsprachen und verwiesen auf ihre eigene innere Haltung.

Daraufhin hörte die Frau sofort auf, sich selbst zu bestrafen, und lernte, dass *der Glaube für sich allein tot ist, wenn er nicht Werke vorzuweisen hat.* (Jakobusbrief 2,17) Was ist Glaube? *Glaube ist: … Überzeugtsein von Dingen, die man nicht sieht.* (Hebräerbrief 11,1) Glaube ist das geistige Bild, das sich mit der Zeit in einen manifesten Körper kleidet. Jedes Bild, das sich dauerhaft im Kopf festsetzt, wird zur Realität.

Die Sekretärin malte sich auf mein Anraten hin aus, wie ihr Chef ihr zu ihrer effizienten Arbeit gratulierte und ihr eine Gehaltserhöhung verkündete. Sie strahlte ihm und all ihren Kollegen gegenüber von jetzt an nur noch Liebe und Wohlwollen aus.

Nachdem sie dieses Bild mehrere Wochen lang jeden Tag viele Male in ihrem Kopf aufgerufen hatte, war sie völlig perplex, als ihr Arbeitgeber sie nicht nur wegen ihrer guten Arbeit lobte, sondern sie auch fragte, ob sie ihn heiraten wolle! In wenigen Stunden, wenn ich dieses Kapitel abgeschlossen habe, werde ich das Vergnügen haben, die Trauung der beiden zu vollziehen.

Sie hat den Schlüssel gefunden, der die Tür zur Schatzkammer öffnet. Durch ihren Glauben gelang es ihr, fest zu stehen in dem, was sie erhoffte, und überzeugt zu sein von Dingen, die sie nicht sah.

Kapitel 5

Werfen Sie einen Blick in die Zukunft und hören Sie auf die Stimme der Intuition

Zu den erstaunlichsten Fähigkeiten des menschlichen Geistes gehört es, ein zukünftiges Ereignis vorauszusehen, bevor es in der objektiven, materiellen Welt tatsächlich eintritt. Gelegentlich durfte ich schon einen Blick auf Dinge werfen, die erst Tage, Wochen oder manchmal sogar Monate später Realität wurden.

So besuchte mich 1967 beispielsweise ein befreundeter Priester und schlug mir vor, im Mai gemeinsam mit ihm eine Vortragsreise durch das Heilige Land zu unternehmen. Ich sagte ihm, ich würde darüber nachdenken und ihm dann Bescheid geben.

An jenem Abend nahm ich vor dem Einschlafen durch eine Affirmation Kontakt zu meinem Unterbewusstsein auf: »Die unendliche Intelligenz in meinem Unterbewusstsein ist allwissend und enthüllt mir die richtige Entscheidung in Bezug auf die Reise nach Israel und Jordanien.«

In jener Nacht hatte ich einen lebhaften Traum, in dem die *Los Angeles Times* und der *Citizen News* in ihren Schlagzeilen einen bewaffneten Konflikt meldeten. Außerdem sah ich einen erbitterten Boden- und Luftkrieg zwischen den Israelis und den Arabern. Es war eine realistische Vorausahnung dessen, was fünf Monate später tatsächlich eintraf. Nach dem Aufwachen rief ich meinen Freund an und erzählte ihm von meinem Traum, und so seltsam es klingt – er hatte einen ähnlichen gehabt! Auch er hatte um göttliche Hilfe bei der Entscheidung gebeten.

Daraufhin verabschiedeten wir uns von der Idee, eine Vortragsreise durch das Heilige Land zu machen. Die folgenden Ereignisse – das Drama des Sechstagekrieges – bewiesen, dass unser Traum eine echte Vision gewesen war.

In der Bibel steht: *Vertrau auf den Herrn* [das Gesetz des Unterbewusstseins] *und tu das Gute … !* (Psalm 37,3)

Die Zukunft befindet sich schon in Ihrem Kopf

Ihr Geist steckt voller Gedanken, Überzeugungen, Meinungen, Ansichten, Eindrücke und unterschiedlicher Ideen – guter und schlechter. Das kosmische Gesetz des Geistes besagt, dass alles, was wir mental akzeptieren und glauben, auch konkret in unserem Leben herbeigeführt wird.

Wäre es möglich, den Inhalt des Unterbewusstseins Ihrer Freunde in irgendeiner Form zu fotografieren, dann könnten Sie deren Zukunft exakt voraussagen und ablesen, was jedem von ihnen widerfahren wird. Dr. Rhine von der Duke University hat in zahllosen Experimenten weitreichende Beweise für außersinnliche Wahrnehmungen wie Hellsehen, Wahrsagen, Hellhören, Retrokognition und Telekinese zusammengetragen, die allesamt gut dokumentiert sind.

Eine sehr sensible Person, etwa ein medial veranlagter Hellseher, könnte den Inhalt Ihres Unterbewusstseins erspüren und darin alle guten und schlechten Erfahrungen und Erlebnisse erkennen (voraussehen), die Ihnen in der Zukunft bevorstehen. Das liegt daran, dass Ihre Gedanken, Überzeugungen, Pläne und Ziele in Ihrem Geist schon vollendet und abgeschlossen sind, so wie ein neues Haus im Kopf des Architekten bereits steht, und von einem guten Hellseher in Augenschein genommen werden können.

Ein sensibler Mensch in einem empfänglichen und offenen Geisteszustand ist daher in der Lage, auf den Inhalt des Unterbewusstseins eines anderen zuzugreifen und diesen dem Bewusstsein oder dem wachen Ich desjenigen zu enthüllen. Mit anderen Worten: In einem passiven, fast tranceähnlichen Zustand richtet ein sensibler oder übersinnlich begabter Mensch seine Antennen auf das Unterbewusstsein der anderen Person aus, auf deren Entscheidungen, Pläne, Ideen, Ängste, Phobien, Obsessionen, Wünsche und die jeweils subjektive Akzeptanz von Heirat, Scheidung, Geschäftsreisen, Urlauben und anderen Dingen.

Der Hellseher oder das Medium, das diese persönlichen Gefühle, Überzeugungen und Eindrücke ausliest, übersetzt sie in seine eigene Sprache und formuliert entsprechende Vorhersagen. Oft sind diese erstaunlich zutreffend – nicht immer zu 100 Prozent, aber doch nahe daran.

Vergessen Sie nicht, dass das, was das Medium sieht oder fühlt, durch seinen eigenen Geist gefiltert und geprägt wird. Daher unterscheiden sich die Ergebnisse manchmal von Hellseher zu Hellseher.

Wie die Vorhersehung ein Vermögen bewahrte und ein neues schuf

Ein guter Bekannter von mir, ein bekannter Immobilienmakler, erzählte mir, dass er vor seiner Pensionierung jeden Abend den 91. Psalm gebetet und sich Gottes Anleitung, Schutz und das rechte Handeln in allen Situationen erbeten hat. Eines Abends Anfang 1966 verspürte er nach einem lebhaften, prophetischen Traum, in dem die Schlagzeilen einer lokalen Zeitung einen großen Kurseinbruch verkündet hatten, den überwältigenden Drang, alle seine Spitzenaktien zu verkaufen, die ihn insgesamt 400.000 Dollar gekostet hatten. Es habe sich wie ein Befehl einer inneren Stimme angefühlt, sagte er, und das Gefühl ließ nicht nach.

Also befolgte er den Drang und tätigte am nächsten Tag kurz vor Börsenschluss den Verkauf. Am folgenden

Tag brachen die Kurse ein, und einige der Aktien, die er abgestoßen hatte, hatten Jahre später noch nicht wieder ihren vorherigen Wert erreicht, sie waren um 20 bis 30 Prozent gefallen. Der Mann hatte also einen großen Verlust vermieden. Dass er seitdem einen Großteil der Anteile zu einem deutlich niedrigeren Preis zurückgekauft hat, brachte ihm zudem ein kleines Vermögen ein.

Sein Kommentar dazu lautete: »Ich habe ein Vermögen gerettet und eines gemacht.« Er sah den Kurseinbruch voraus, bevor er eintrat, und hörte auf die Stimme seiner Intuition.

Wie die Intuition einer Mutter ihrem Sohn das Leben rettete

Ich sprach einmal mit der Mutter eines Kampfpiloten in Vietnam, die nervlich und emotional am Ende war. Sie hatte wiederholt einen Traum, der ihr sehr zusetzte. Darin stand das Flugzeug ihres Sohnes in Flammen, und er rief nach ihr, weil er Hilfe brauchte. Dann stürzte die Maschine ins Meer. Sie sagte, sie wisse, dass ihr Sohn dabei ertrunken sei.

Mehr als eine Woche lang erwachte sie jeden Morgen aus diesem quälenden Traum und wurde die Angst und Besorgnis den ganzen Tag über nicht mehr los.

Ich erklärte der verzweifelten Mutter, so gut ich konnte, dass es sich bei dem Traum zweifellos um die Vorahnung einer Katastrophe handelte und sie als Mutter die unterbewussten Ängste ihres Sohnes vor einer drohenden Gefahr wahrgenommen habe. Sie könne die Katastrophe jedoch abwenden, da sie offensichtlich noch nicht eingetroffen sei – sonst hätte man sie ja benachrichtigt. Außerdem kehrte der Traum Nacht für Nacht wieder, was ebenfalls auf die Zukunft verwies. Ich erklärte ihr, was sie zu tun habe: Sie solle ihre bestmögliche Vorstellung von Gott und seiner Liebe anrufen.

Sie begann, an Gott als das unendliche Lebensprinzip der absoluten Liebe, der grenzenlosen Weisheit, als allwissend, segensreich, als Friedensstifter und Ursache absoluter Harmonie und Freude zu denken. Auf meinen Vorschlag hin übergab sie ihren Sohn geistig in seine liebenden Hände und erkannte an, dass er im Schutz des Höchsten wohnte und im Schatten des Allmächtigen ruhte. Außerdem malte sie sich aus, ihr Sohn sei wieder zu Hause – glücklich, fröhlich, frei – und sie könne ihn umarmen.

Den ganzen Tag lang richtete die Frau ihr gesamtes Denken gemäß diesem spirituellen Muster aus. Sie konzentrierte ihre Gedanken auf das Licht, die Liebe, die Macht und den Frieden Gottes, bis all das für sie wahr wurde, und in diese spirituelle Atmosphäre übergab sie ihren Sohn.

Das hielt sie so lange durch, bis der Albtraum nach fünf Nächten nicht mehr auftauchte. Statt Angst empfand die Frau beim Gedanken an ihren Sohn nun ein Gefühl des Vertrauens und der Gewissheit, dass er wohlauf und gesund sei und im Schutz einer wohlwollenden Macht stehe.

Einige Wochen später, als sie gerade das Mittagessen zubereitete, kam ihr Sohn durch die Tür und umarmte sie. Er war aus Vietnam heimgekehrt und hatte sie überraschen wollen. Er sagte: »Mutter, ich weiß nicht, warum ich noch am Leben bin. Mein Flugzeug ist nach einem Beschuss abgestürzt, doch es ist nicht in Flammen aufgegangen. Mir ist nichts passiert und ich habe etwas ganz Seltsames erlebt: Ich wusste, dass das Flugzeug zu Boden stürzte, doch ich hatte keine Angst. Ich hörte klar und deutlich deine Stimme, du sagtest: ›Gott wacht über dich‹, und ich wusste, dass ich in Sicherheit war.«

In der Bibel steht: *Denn er befiehlt seinen Engeln, dich zu behüten auf all deinen Wegen.* (Psalm 91,11)

Eine Sache zeigt diese Geschichte ganz eindeutig: Die Mutter stand telepathisch mit ihrem Sohn in Verbindung, da für den Geist weder Zeit noch Raum existieren, und durch die Affirmation entledigte sie sich der Angst, indem sie ihren Sohn in Gottes Liebe, Licht, Harmonie und Frieden hüllte. Das eröffnete der göttlichen Macht den Weg, den Sohn vor einem Tod zu bewahren, der andernfalls unausweichlich gewesen wäre. Der Glaube und die Zuversicht der Mutter wurden an den Sohn übermittelt, und er erfuhr den Segen des erhörten Gebets.

Wie der Traum eines Vaters vom Tod seines Sohnes eine Tragödie verhinderte

Ein Mann aus New York schrieb mir:

Sehr geehrter Mr Murphy!

Ich finde gar keine Worte dafür, wie dankbar ich bin. Ich habe Die Gesetze des Denkens und Glaubens *gelesen und bin tief beeindruckt. Ich habe jedes Kapitel eingehend studiert und so gelernt, wie das wirksame Gebet funktioniert. Es hat sich als wahre Erleuchtung erwiesen!*

Einer meiner Söhne war Fernfahrer auf der Strecke zwischen New York und Chicago. Vor ein paar Wochen sah ich in einem Traum, wie sein Lkw einen Berg hinauffuhr und mein Sohn am Steuer zu schlafen schien. Rechts ragte eine Steilwand auf, links war ein tiefer Abgrund. Plötzlich stieß der Truck gegen den Felsen und stürzte hinab. Noch im Traum sagte ich: »Gott wacht über ihn. Gott sorgt für ihn und Gott liebt ihn.«

Dann wachte ich auf und zitterte vor lauter Sorge am ganzen Körper. Ich schlug die Bibel auf, las eine halbe Stunde lang laut den Psalm 91, den großen Psalm des Schutzes, und formulierte ihn dabei so, dass er in der dritten Person gehalten war: »Er wohnt im Schutz des Höchsten und ruht im Schatten des Allmächtigen« und so weiter. Irgendwann überkam mich ein Gefühl der Ruhe.

Als mein Sohn Ende der Woche nach Hause kam, erzählte er mir, dass er am Steuer eingeschlafen sei, woraufhin sich der Truck überschlagen habe. Er sei dabei unter dem Wagen, aber genau zwischen den Reifen gelandet und habe den Unfall wie durch ein Wunder unverletzt überstanden. Da berichtete ich ihm von meinem Traum und meinem Gebet im Traum, und er sagte: »Vater, dein Gebet hat mir das Leben gerettet!«

Wie man Tragödien und Unglücke verhindert

Affirmationen bewirken etwas, das beweisen die Erfahrungen unzähliger Menschen. Mit »Affirmationen« meine ich die Betrachtung der Wahrheiten Gottes vom höchsten Standpunkt aus. Wer konstruktive Gedanken hegt, die auf universellen Prinzipien basieren, kann alle negativen Muster in seinem Kopf ersetzen und Gutes für sich erwirken. Anders formuliert: Wer seinen Geist mit den Wahrheiten Gottes füllt, neutralisiert, eliminiert und tilgt dadurch alles, was Gott widerspricht. So vermeidet man negative Erfahrungen wie Unfälle und Katastrophen. Gleichzeitig steigt man auf eine neue Bewusstseinsebene auf. *Und ich, wenn ich über die Erde erhöht bin, werde alle* [Erscheinungen und Erfahrungen] *zu mir ziehen.* (Johannes 12,32)

Durch die eingehende Beschäftigung mit den ewigen Wahrheiten Gottes befreien Sie sich vom Geist der Masse, auch Gesetz des Durchschnitts genannt, der einen Großteil der Menschheit dominiert.

Wenn Sie Gottes Frieden finden und diesen wie einen goldenen Fluss des Lebens und der Liebe durch sich hindurchströmen lassen, haben Sie die wahre Realität oder Gott berührt, ebenso wie dieser Vater, als er für seinen Sohn betete.

»Warum gehen bei mir immer nur die negativen Voraussagen über die Zukunft in Erfüllung?«

Diese Frage wurde mir in einem Brief aus Alaska gestellt.

Denken Sie immer daran, dass Ihr Unterbewusstsein der Speicher Ihrer Erinnerungen ist und dass dort Einflüsterungen, Halbwahrheiten und falsche Überzeugungen lagern, von denen Ihr Bewusstsein nichts ahnt. Viele dieser Dinge werden in der Realität herbeigeführt, da das Unterbewusstsein alle Bilder, die es aufnimmt, früher oder später umsetzt, wenn Sie nicht *durch eine Affirmation für eine Veränderung zum Besseren sorgen.*

Mit anderen Worten: Jeder, dem eine unerwünschte Entwicklung vorausgesagt wird, kann verhindern, dass diese eintrifft, indem er sich auf konstruktive Gedanken an die universellen und göttlichen Wahrheiten wie Harmonie, Frieden, Liebe, Schönheit, richtiges Handeln und göttliche Liebe konzentriert. Dadurch findet eine *Neuordnung der Muster im Unterbewusstsein* statt, die sich den neuen Gedanken und Bildern anpassen.

Es ist möglich, einigermaßen korrekte Vorhersagen für einen Menschen, eine Gruppe, einen Staat oder die ganze Welt zu treffen, weil sich die Mehrheit der Menschen kaum ändert. Sie beharren auf ihren alten Überzeugungen, Traditionen, Vorurteilen, Abneigungen, Urteilen und Ängsten. Sie befolgen mehr oder weniger ein festes Muster, das von denjenigen, die ihre mentalen Schwingungen wahrnehmen, leicht erspürt werden können.

Wie ein Arzt ein Problem durch Intuition löste

Ein befreundeter Arzt benötigte für ein Buch, das er schrieb, bestimmte medizinische Daten aus dem alten Babylonien und Ägypten. Er glaubte, dass er die Informationen in einem New Yorker Museum finden könnte, lebte aber in Los Angeles und konnte keineswegs an die Ostküste reisen.

Ich schlug ihm vor, seinen Geist zur Ruhe kommen zu lassen, seine Aufmerksamkeit nach innen zu richten und den tieferen Strukturen seines Geistes direkt vor dem Einschlafen nachdrücklich einzuprägen: »Die unendliche Intelligenz in mir kennt die Antwort und lässt mir die Informationen zukommen, die ich für mein Buch brauche.«

Er schlief mit dem Wort »Antworten« im Kopf ein, und noch in der gleichen Nacht hatte er einen Traum, der ihm eingab, eine alte Buchhandlung in der Innenstadt aufzusuchen. Schon das erste Buch, das er nach dem Eintreten in die Hand nahm, lieferte ihm die gewünschten Daten.

Denken Sie daran, dass Ihr Unterbewusstsein über unendliche Intelligenz und grenzenlose Weisheit verfügt. Es ist allwissend und erkennt, nach welcher Antwort Sie verlangen. Diese Antwort kann Ihnen im Traum erscheinen, in Form einer Erleuchtung oder des Gefühls, dass Sie sich nun auf dem richtigen Weg befinden. Vielleicht verspüren Sie plötzlich den Impuls, irgendwo hinzugehen, oder jemand anderes gibt Ihnen die Antwort.

Hellhörigkeit rettet Leben

Vor einiger Zeit war ich zu einem Bankett eingeladen, um dort einen Vortrag zu halten, und beim Essen saß ein junger Offizier neben mir, der gerade aus Vietnam zurückgekehrt war und mir von dem faszinierenden Erlebnis erzählte, eine Stimme aus dem »Nichts« gehört zu haben.

Er war auf Befehl seiner Vorgesetzten gemeinsam mit einem Soldaten niedrigeren Ranges im Jeep unterwegs gewesen, um eine Nachricht an das Hauptquartier zu überbringen. Als die beiden über die Landstraße rasten, hörte er klar und deutlich die Stimme seiner Mutter, die rief: »Halt an, John. Halt an! Halt an!« Also bremste er abrupt ab, und sein Nebenmann fragte: »Warum machst du das? Was ist los?« Er antwortete: »Hast du nicht die

Stimme gehört, die gesagt hat, ich solle anhalten?« Doch der andere Soldat hatte nichts gehört.

Als die beiden ausstiegen und den Wagen untersuchten, stellten sie fest, dass ein Rad lose war. Wären sie nur wenige Meter weiter gefahren, wäre der Jeep in eine Schlucht geschleudert, und die beiden wären bis zur Unkenntlichkeit zermalmt worden.

Die Mutter des Soldaten lebte in San Francisco und betete, wie er erzählte, regelmäßig jeden Abend, jeden Morgen und manchmal auch tagsüber für ihn mit den Worten: »Gottes Liebe und sein Schutz umgeben meinen Jungen zu jeder Zeit.«

Da erkannte der junge Mann, dass die Stimme, die er vernommen hatte, eine Warnung seines Unterbewusstseins gewesen war, das ihn beschützen wollte und zweifellos stark auf die Affirmation der Mutter reagiert hatte.

In großen Not- und Gefahrensituationen wird das Unterbewusstsein immer mit der Stimme eines Menschen zu Ihnen sprechen, auf die Sie umgehend hören, weil Sie ihn lieben und ihm vertrauen. Es wird immer den Klang einer Stimme annehmen, die auch Ihr *Bewusstsein* als Autorität anerkennt. Daher kann es nicht die Stimme von jemandem sein, den Sie nicht mögen oder dem Sie nicht vertrauen.

Wie Sie sich selbst und andere vor Unglück schützen

Vielleicht haben Sie gelegentlich prophetische Träume, begleitet von dem starken Gefühl, dass Ihnen selbst oder einem geliebten Menschen Gefahr droht.

Tun Sie das nicht als pures Fantasieprodukt oder als harmlose Halluzination ab.

Eine wirksame Schutzaffirmation

Diese Affirmation können Sie nutzen, um auf die Vorwarnung oder die Ahnung, die Sie beschlichen hat, zu reagieren – wenn es um eine dritte Person geht, setzen Sie deren Namen ein.

Ich weiß, dass Gott die einzige Präsenz und Macht darstellt und dass er Liebe, Ordnung, Schönheit, Frieden, Vollkommenheit und Harmonie ist. Sein innerer Frieden durchströmt mich wie ein Fluss. Ich erkenne die Wohltaten und die Ordnung an, für die er stets sorgt. Ich gehe ganz im Geist Gottes auf, er sieht mich als vollkommen, wohlauf und ganz; ich bin von seiner heiligen Allgegenwart durchdrungen. Er umfängt mich mit seinen ewigen Armen.

Wiederholen Sie diese Affirmation, bis sich die Wolke auflöst und die Last von Ihnen genommen ist. Dann werden Sie Frieden empfinden und die Wahrheit spüren. Sie werden bewusst eins mit der höheren Macht sein, und alle göttlichen Kräfte werden sich bemühen, zu Ihrem ewigen Glück beizutragen.

Alles, worum ihr betet und bittet – glaubt nur, dass ihr es schon erhalten habt, dann wird es euch zuteil. (Markus 11,24)

Kapitel 6

Finden Sie Antworten in Träumen und außerkörperlichen Erfahrungen

In der Bibel steht:
Im Traum, im Nachtgesicht, wenn tiefer Schlaf auf die Menschen fällt, im Schlummer auf dem Lager, da öffnet er der Menschen Ohr und schreckt sie auf durch Warnung. (Hiob 33,15f.)

Weil ihnen aber im Traum geboten wurde, nicht zu Herodes zurückzukehren, zogen sie auf einem anderen Weg heim in ihr Land. (Matthäus 2,12)

In der Bibel wimmelt es nur so von Berichten über Träume, Visionen, Erleuchtungen und Warnungen, die Menschen im Schlaf ereilen. Wenn wir schlafen, ist unser Unterbewusstsein überaus wach und aktiv, da es niemals ruht. Sie erinnern sich vielleicht daran, dass Josef die Träume des Pharaos richtig deutete und sie später in Erfüllung gingen. Sein Erfolg brachte ihm Ruhm, Ehre und die Anerkennung des Königs ein.

Wenn Sie träumen, schaltet sich Ihr Bewusstsein ab, es schläft. Da das Unterbewusstsein für gewöhnlich in symbolischer Form zu uns spricht, nutzen die Menschen schon seit vielen Jahrhunderten die Dienste von Traumlesern oder -deutern. Ihnen ist sicherlich bekannt, dass viele Psychologen, Therapeuten und Psychiater der Freud'schen und Jung'schen Schule Träume für sehr wichtig halten und sie für das Bewusstsein des Patienten zu deuten versuchen. Oft werden auf diese Weise Konflikte, Ängste, Obsessionen und andere Probleme aufgedeckt.

Ihre Träume sind die Bühne, auf der das Unterbewusstsein mit Ihnen kommuniziert, und warnen Sie oft vor bevorstehenden Gefahren. Manche Träume sind prophetisch und sehen die Zukunft voraus. In anderen Träumen erhalten Sie vielleicht eine Antwort auf eine Frage. Alles, was in Träumen negativer Natur vorkommt, kann verhindert werden, nichts ist in Stein gemeißelt.

In Träumen enthüllt das Unterbewusstsein, welcher Art die Eindrücke sind, die es prägen; sie weisen Sie auf den Kurs hin, den Ihr Leben nimmt. Die Traumforschung hat ergeben, dass die Symbole, die das Unterbewusstsein des Einzelnen erzeugt, individuell unterschiedlich sind und für jeden gesondert interpretiert werden müssen. Selbst ein Bild, das in mehreren Träumen einer Person vorkommt, kann ganz unterschiedliche Bedeutungen haben.

Mit anderen Worten: Ihre Träume sind eine persönliche Angelegenheit, die ganz auf Sie zugeschnitten ist, auch wenn darin die Beziehungen zu anderen Menschen thematisiert sein können.

Die Analyse eines interessanten Traums

Vor einiger Zeit sprach mich eine Studentin an, die mein Buch *Die Macht Ihres Unterbewusstseins* gelesen hatte. Im Verlauf unserer Unterhaltung sagte sie: »Ich habe jetzt drei Nächte in Folge geträumt, dass ich zu einem Bankett des New Yorker Gouverneurs eingeladen war und als Ehrengast an seiner Seite saß. Was bedeutet das?« Ich erklärte ihr, dass es *ihr* Traum sei, der nur für sie persönlich gedeutet werden könne. Daher fragte ich sie, was ihr der Besuch eines solchen Banketts bedeuten würde. Sie antwortete ohne zu zögern, er stände für Wohlstand, Prestige, Ehre und Anerkennung. Daraufhin meinte ich, dass ihr Unterbewusstsein möglicherweise eine besondere Würdigung und Anerkennung für sie voraussähe, vielleicht auch einen Geldregen. Darin stimmte sie mir zu, die Erklärung erschien ihr sinnvoll.

Zwei Wochen später erhielt sie ein Stipendium, das es ihr ermöglichte, in Frankreich zu studieren, und ihre Großmutter vermachte ihr 50.000 Dollar für ihre Ausbildung und den persönlichen Gebrauch. Außerdem wurde die junge Frau zum Amtsantrittsdinner eines Gouverneurs eingeladen, das sie auch besuchte und sehr genoss.

Ihnen als Leser wird aufgefallen sein, dass sie den Traum nicht wörtlich verstand. Auch bei Ihnen gilt: Ihre stets disziplinierte Vorstellungskraft kann die eigentliche Bedeutung Ihres Traums enthüllen und die verborgene Wahrheit hinter dem Symbol entdecken.

Wie ein Traum eine Frau zum richtigen Haus führte

Eine junge Frau aus Beverly Hills träumte sechs Nächte nacheinander das Gleiche: wie sie durch das Haus lief, das sie gern kaufen wollte, die Bewohner traf, den Hund streichelte und sich mit dem spanischen Hausmädchen in dessen Muttersprache unterhielt. Sie sah sich die Garage, den Dachboden und alle Zimmer des Hauses an.

Am folgenden Sonntag nach dem Gottesdienst fuhren sie und ihr Mann durch ein gutes Stadtviertel, als sie dort das Haus aus ihrem Traum entdeckte, mit einem »Zu verkaufen«-Schild daran. Es konnte frei besichtigt werden, also gingen die beiden hinein. Dort stellten sie fest, dass der Besitzer, seine Frau, das Hausmädchen und der Hund alle ungewöhnlich überrascht und erschrocken wirkten. Der Hund knurrte und sträubte die Nackenhaare.

Nach ein paar Minuten entschuldigte sich der Besitzer und sagte: »Wir haben in letzter Zeit mehrmals abends und früh am Morgen eine Frau die Treppe hinauf- und hinablaufen sehen, die aussah wie Sie. Das Hausmädchen war ganz panisch, und der Hund knurrte und bellte wie wild, als sähe er etwas Seltsames.«

Eine einfache Erklärung

Die junge Frau erzählte den Bewohnern, dass sie dafür gebetet habe, das richtige Haus zu finden, und die unendliche Intelligenz ihres Unterbewusstseins jede Nacht dazu aufgefordert habe, sie zum perfekten Haus zu führen, das groß genug, schön, zentral gelegen und in jeder Hinsicht passend war.

Zweifellos übermittelte sie, indem sie mit der Vorstellung des Hauses im Kopf schlafen ging, einen Auftrag an ihr Unterbewusstsein, den dieses erfüllen *musste*. Plötzlich fand sie sich im Traum außerhalb ihres Körpers wieder, als schwaches Abbild ihrer selbst, das es ihr ermöglichte, durch geschlossene Türen zu gehen und Zeit und Raum außer Kraft zu setzen. So gelangte sie in das Haus und machte sich mit allen seinen Ecken und Winkeln sowie mit den Bewohnern vertraut. Bei der Besichtigung erzählte sie ihnen nun, dass auch sie bei ihrem Anblick erschrocken sei, da sie sie bereits mehrere Male zuvor im Traum gesehen hatte.

Eine »reale« außersinnliche Reise

Die Frau hatte ihren Astralkörper an einen anderen Ort geschickt und wurde von den Bewohnern des Hauses, das sie besuchte, als sichtbare und hörbare Erscheinung wahrgenommen: Die Bewohner hörten ihre Schritte und sahen sie klar und deutlich. Die junge Frau ihrerseits spürte, dass ihr Körper eigentlich zu Hause im Bett lag, und wusste, dass sie in der vierten Dimension unterwegs war. Sehr sensible Menschen, die mental auf höhere Schwingungen oder übersinnliche Phänomene eingestellt sind, nehmen solche Besucher als Geister oder Erscheinungen wahr.

Die junge Frau und ihr Mann kauften das Haus, und die gesamte Transaktion lief sehr harmonisch ab.

Wie ein Traum des Autors in Erfüllung ging

Als ich einst die Yoga-Akademie im indischen Rishikesh nördlich von Delhi besuchte, um dort eine Vortragsreihe zu halten, träumte ich mehrere Nächte vor dem Abflug sehr lebhaft davon, dort zu sein und die Lehrer und Schüler zu treffen.

Beim Eintreffen stellte ich dann fest, dass ich mich bereits auskannte. Alle Gebäude, Vortragsräume, Lehrer und Schüler waren mir vertraut. Ich wusste vorab, wo sich das Zimmer befand, in dem ich untergebracht war, und konnte beschreiben, wie es eingerichtet war und welches Essen man mir servieren würde. Ich sagte sogar voraus, was das Akademiemitglied, das mich herumführte, als Nächstes sagen würde, da ich es schon einmal gehört hatte. Der Mann war fasziniert und meinte: »Sie müssen hellsichtig und hellhörig sein.«

Ich erklärte ihm das Vorgefallene so: Da feststand, dass ich wegen der Vorträge zur Akademie reisen würde, war mein unterbewusster Körper, manchmal auch Astralkörper genannt (der äußerlich genauso aussieht wie mein realer Körper und ebenfalls ein echter »Körper« ist, dessen Schwingungen aber eine deutlich höhere Frequenz aufweisen), im Schlaf dorthin gereist und hatte das erlebt, was ich später auch bewusst erfuhr.

Mit anderen Worten: Ich war in meinem Astralkörper dort gewesen, hatte mich auf der Geistesebene, aber dennoch ganz natürlich mit vielen Menschen unterhalten und ihre Antworten und Stimmen vernommen. Außerdem hatte ich in diesem wunderbaren Zustand der Astralreise bereits die Schönheit des Ganges, des Himalaja und der traumhaften Landschaft bewundern können.

»Ich habe dich bereits im Traum gesehen«

Als ich mich dem Yogi Sivananda vorstellte, der den Ashram leitete, rief er aus: »Ich habe dich bereits mehrere Male im Traum gesehen und auch deine Stimme gehört!« Ich erklärte ihm, dass diese Erfahrung auf Gegenseitigkeit beruhte, dass ich mir vorab vor dem Einschlafen eine wunderbare Reise ausgemalt und mein Unterbewusstsein dadurch geprägt hatte. Ich hätte ihn im Traum getroffen, denn ich hätte im kalifornischen Beverly Hills im Bett gelegen, als ich in diesem neuen Körper seinen Ashram besuchte und die Stimmen der Bewohner hörte. Jetzt, da ich im wachen Zustand wirklich dort eingetroffen war, geschahen all die Dinge in der Realität, die ich bereits zuvor auf meiner außersinnlichen Reise erlebt hatte. Anders formuliert: Was ich nun auf objektive Weise sah und hörte, hatte ich zuvor bereits subjektiv wahrgenommen.

In seinen Träumen hatte Yogi Sivananda mich klar und deutlich gesehen und – weil er hellhörig war – auch meine Stimme vernommen, da man außerhalb des eigenen Körpers denken, sprechen, handeln, reisen und noch mehr kann. Man kann sehen und gesehen werden, verstehen und verstanden werden, Botschaften überbringen und von seinen Erfahrungen berichten. Alle fünf Sinne – Sehen, Hören, Schmecken, Riechen und Fühlen – können unabhängig vom Körper im Geist reproduziert werden. Das beweist hinlänglich, dass es möglich ist, außerhalb des Körpers zu leben, und die kreative Intelligenz in uns hat es so vorgesehen, dass wir diese Fähigkeiten über den normalen, in drei Dimensionen verankerten Körper hinaus benutzen.

Wie ein Traum die Gesundheit eines Mannes schützte

Ein Mann, der scheinbar völlig gesund war, träumte mehrmals, wegen eines Problems an der Prostata operiert zu werden. Er fragte mich, ob ich meinte, er solle sich von einem Arzt durchchecken lassen, sagte aber, dass er keine Symptome feststellen könne und keine Schmerzen habe. Zu mir war er eigentlich wegen eines Eheproblems gekommen. Ich erläuterte ihm, wie das Unterbewusstsein funktionierte, dass es ihn um jeden Preis beschützen wolle und gerade zweifellos *aufgrund einer unmittelbar bevorstehenden Erkrankung oder Beeinträchtigung* um seine Aufmerksamkeit bat. Das Unterbewusstsein zieht sein Wissen aus realen Umständen und enthüllte dem Mann diese in Form eines Traumes. Er verstand nun, dass der Traum auf ihn persönlich zugeschnitten war und dass er die Bedeutung auf intuitive Weise erkennen musste.

Ich riet ihm, sich sofort gründlich von einem Urologen untersuchen zu lassen. Doch er verschob den Arztbesuch. Innerhalb weniger Tage entwickelte sich eine Verengung und Blockade der Harnröhre, die ihm schlimme Schmerzen bereitete. Sein Arzt überwies ihn ins Krankenhaus, wo er umgehend von einem erfahrenen Urologen operiert wurde. Ich besuchte ihn dort kurz darauf, und er meinte zu mir: »Ich hätte meinem Traum mehr Beachtung schenken und schneller handeln sollen.« Doch zum Glück wurde er rasch wieder ganz gesund, auch indem er sein Unterbewusstsein konstant mit Gedanken der Harmonie, der Lebenskraft und der allumfassenden Gesundheit fütterte.

Sie haben sicherlich bemerkt, dass sein Unterbewusstsein den Mann dazu hatte bewegen wollen, etwas zu tun, da es von der Entzündung und Vergrößerung der Prostata wusste. Die Vorahnung, das Gefühl, dass ihm eine Operation bevorstände, wurde vermutlich durch die schon bestehende Erkrankung ausgelöst. Der Fehler des Mannes bestand nur darin, die Untersuchung hinauszuzögern.

Denn das alte Sprichwort, dass die Nacht (der Schlaf) für Rat sorge, trifft zu. Der Schlüssel besteht darin, für diesen Rat empfänglich zu sein.

Verschiedene Arten von Träumen

Es gibt verschiedene Arten von Träumen, von denen einige auf Magenbeschwerden, geistigen und emotionalen Aufruhr, körperliches Unbehagen, einen unterdrückten oder ungewöhnlichen Sexualtrieb und verschiedene Ängste und Aberglauben zurückzuführen sind. Doch es gibt auch Träume, in denen man ein zukünftiges Ereignis voraussieht, bevor es eintrifft; Träume, die eine klare Antwort auf ein Gebet enthalten. Oft erhalten wir im Traum Anweisungen, was wir zu tun haben.

Wie ein Traum eine Frau vor der Heirat warnte

Eine junge Frau erzählte mir einmal, wie sie im Traum eine bemerkenswerte Antwort erhalten hatte. Vor dem Einschlafen sagte sie sich: »Die unendliche Intelligenz in meinem Unterbewusstsein enthüllt mir die Antwort auf die Frage, ob ich N. N. heiraten sollte.« In der Nacht hatte sie einen recht merkwürdigen Traum, in dem sie einen Mann in Gefängnistracht hinter Gittern sah, mit einem bewaffneten Wärter vor der Zelle. Dann erschien ein weiterer Mann und fragte: »Erkennst du nicht, wer das ist?«

Daraufhin erwachte sie ziemlich verstört und verstand intuitiv, dass der Mann hinter Gittern ihr Verlobter war. Sie rief ihren Bruder an, der bei der örtlichen Polizei arbeitete, und ließ ihn den Hintergrund des Mannes überprüfen. Dabei entdeckte der Bruder, dass der Freund seiner Schwester bereits eine Ehefrau in New York sitzen gelassen und außerdem fünf Jahre seines Lebens im Gefängnis verbracht hatte – nichts davon hatte er ihr erzählt. Sie löste die Verbindung sofort und war zutiefst dankbar für die innere Kraft, die uns immer beschützt, wenn wir nur zuhören.

So gebe ich mich ihm in Visionen zu erkennen und rede mit ihm im Traum. (Numeri 12,6)

Wie man den Geist vor dem Einschlafen vorbereitet

Wenn Sie langsam eindösen und im Schlummer versinken, gewinnt ihr Unterbewusstsein an Macht und versetzt Sie in einen mental höchst empfänglichen Zustand. Die Gedanken und Gefühle, die Sie vor dem Einschlafen haben, werden direkt ans Unterbewusstsein übermittelt, welches dann anfängt, gemäß Ihren Bitten oder Wünschen zu handeln. Die kreative Macht Ihres Unterbewusstseins wartet nur darauf, auf die Ideen, Vorstellungen und Anweisungen zu reagieren, die Sie im »wachen« Zustand bewusst ersinnen.

Denken Sie dabei daran, dass Ihr Unterbewusstsein nicht auf die Person sieht und keine Auswahl trifft – es nimmt negative, zornige und hasserfüllte Gedanken ebenso an wie positive und setzt sie um. Das Unterbewusstsein verstärkt und vervielfacht, was Sie ihm eingeben, *im Guten wie im Schlechten*. Daher ist es extrem wichtig, dass Sie Ihren Geist von jeglichen störenden, leidigen Gedanken befreien und so der göttlichen Energie, die Sie durchströmt, freie Bahn verschaffen.

Eine effektive Technik für jeden Abend

Lassen Sie die Ereignisse des Tages Revue passieren und erklären Sie dann ungeachtet aller Ärgernisse, Zwistigkeiten und Irritationen:
Ich vergebe mir voll und ganz, dass ich diese negativen Gedanken hatte und auf dieses oder jenes Problem so negativ reagiert habe. Ich beschließe, derartige Schwierigkeiten beim nächsten Mal auf die richtige Weise anzugehen. Ich strahle Liebe, Frieden, Freude und Wohlwollen gegenüber allen Menschen in meiner Umgebung und auf der ganzen Erde aus. Gottes Liebe erfüllt meine Seele, und ich erfreue mich am Erfolg und am Glück meiner Kollegen und aller Menschen insgesamt. Ich habe Frieden mit mir geschlossen. Ich kann heute Nacht ruhig schlafen, ich wache morgen fröhlich auf und lebe in Gott. Ich danke voller Freude für das erfüllte Gebet.

Wie der Traum einer Mutter ihre Tochter beschützte

Vor Kurzem schrieb mir eine Frau, dass sie die Affirmationen, die ich in meinem Buch *Das Wunder Ihres Geistes* vorschlage, für sich und ihre Tochter genutzt habe. Eines Nachts hatte sie einen grauenvollen Traum, in dem sie sah, wie ihre Tochter, eine Studentin, von einem jungen Mann in einem Auto an einer Landstraße vergewaltigt und erwürgt wurde. Es war ein furchtbarer Albtraum, und die Frau wachte schreiend auf.

Sie beschloss, das als Warnung zu verstehen und etwas zu unternehmen, da sie wusste, dass *es so etwas wie ein unausweichliches Schicksal nicht gibt und die Tragödie abgewendet werden könnte*, indem sie sich auf Gott berief. Dafür formulierte sie diese Affirmation:

Meine Tochter ist ein Kind Gottes. Wo sie ist, ist auch Gott. Gott ist Harmonie, Frieden, Schönheit, Liebe, Freude und Kraft. Meine Tochter ist von der heiligen Gegenwart Gottes durchdrungen und von seiner Rüstung umgeben. Gott, ihr liebender Vater, wacht über sie. Sie wohnt im Schutz des Höchsten und ruht im Schatten des Allmächtigen.

Nachdem die Frau das etwa zehn Minuten lang wiederholt hatte, verspürte sie ein Gefühl der Ruhe und Sicherheit und schlief wieder ein.

Am nächsten Morgen rief sie ihre Tochter im College an, konnte sie aber nicht erreichen, weil jener Tag in dem betreffenden Bundesstaat ein Feiertag war. Den ganzen Tag über betete die Frau weiter für ihre Tochter. Abends meldete sich das Mädchen telefonisch und sagte: »Mama, du bist mir gestern im Traum erschienen und hast mich angefleht, nicht mit einem der Jungen hier von der Uni auszugehen, weil er sehr aggressiv sei und ich es bereuen würde. Ich war schrecklich aufgebracht deswegen. Heute Morgen hat er mich angerufen und mich zu einem Ausflug aufs Land eingeladen. Ich habe abgelehnt und gesagt, ich sei krank. Dafür ist meine Freundin mit ihm gefahren, trotz meiner Bitten, es nicht zu tun; ich hatte ihr von meinem Traum erzählt. Er hat sie vergewaltigt und fast erwürgt. Sie liegt jetzt im Krankenhaus, und die Polizei jagt den Typen, er ist auf der Flucht.«

Zwischen Familienmitgliedern und anderen Menschen, die sich sehr nahestehen, gibt es immer eine telepathische Verbindung. Die Affirmation, die die Mutter für ihre Tochter formulierte, wurde von der Tochter aufgenommen und hat sie so vor einer möglichen Katastrophe bewahrt.

In der Bibel steht: *Denn er befiehlt seinen Engeln, dich zu behüten auf all deinen Wegen. Sie tragen dich auf ihren Händen, damit dein Fuß nicht an einen Stein stößt*. (Psalm 91,11f.)

Kapitel 7

Lösen Sie Probleme und retten Sie Leben mithilfe Ihrer Träume

Im Rahmen meiner Beratungstätigkeit habe ich festgestellt, dass Menschen aller Art von Träumen fasziniert sind. Heute führen Teams aus Psychologen und Ärzten in medizinischen Forschungslabors Experimente zu Traumerfahrungen durch, und sie sind zu dem Schluss gekommen, dass alle Menschen träumen. Außerdem haben sie in umfangreichen Testreihen ermittelt, dass der Entzug unseres Traumlebens, wenn man uns regelmäßig aufweckt, zu mentalen, emotionalen und sogar körperlichen Problemen führen kann.

Viele Menschen sind mit den Namen der Psychologen Freud, Jung und Adler vertraut: Männern, die dafür berühmt wurden, sich mit den Träumen ihrer Patienten zu beschäftigen. Durch das Studium dieser Träume haben die drei unterschiedliche Richtungen der Psychologie begründet: die Psychoanalyse (Freud), die analytische Psychologie (Jung) und die Individualpsychologie (Adler). Sie haben viel über Träume geschrieben, und ihre Interpretationen und Schlussfolgerungen unterscheiden sich ganz erheblich – so sehr, dass ich darauf an dieser Stelle gar nicht erst eingehen möchte.

Ziel dieses Kapitels und dieses Buches ist es hingegen, zu zeigen, dass der Schlüssel zur Lösung eines Problems oft klar und deutlich in einem Traum geliefert wird.

Wie Billy sein Problem mithilfe eines Traums löste

Billy ist zwölf Jahre alt. Er hört sich gelegentlich einen meiner Vorträge an, wie ich es für Kinder ab einem Alter von zwölf empfehle – sie sind durchaus fähig, die Inhalte zu verstehen.

Billy hat mir erzählt, dass seine Mutter ihm ein Buch zu lesen gab, das auf Hawaii spielte. Er las das Buch ganz gebannt, und da er in Grundzügen wusste, wie das Unterbewusstsein (sein »Unti«, wie er es nannte) funktioniert, erklärte er diesem jeden Abend vor dem Einschlafen: »Unti, ich verbringe den Urlaub in Hawaii. Ich fliege hin und schwimme dort im Meer, fahre mit dem Fahrrad über eine der Inseln und wohne in einem Penthouse. Bitte gib mir eine klare Antwort.«

Er sprach weder mit seinem Bruder noch mit seinen Eltern darüber. Sein Unterbewusstsein reagierte, indem es ihn von einem Penthouse, dem Namen eines Hotels – Maui Hilton – und von Maui, einer hawaiianischen Insel, träumen ließ. Am folgenden Tag sagte Billy zu seiner Mutter: »Mama, wir machen Urlaub in Hawaii«, und erzählte ihr die Einzelheiten.

Sie lachte und sagte: »Davon wusste ich ja noch gar nichts! Wie bist du denn auf die Idee gekommen?«

Billy antwortete: »Ich weiß nur, dass wir dorthin fliegen und im Penthouse eines Hotels wohnen werden.« Seine Mutter tat den Traum als ein Hirngespinst seines jungen Geistes ab.

Zwei Wochen später schlug Billys Vater (der nichts von dem Traum wusste) vor, dass die Mutter aufgrund von Billys ausgezeichneten Schulnoten gemeinsam mit den beiden Söhnen Urlaub auf Hawaii machen sollte, da er den Inselstaat während eines Aufenthalts als Marinesoldat kennen- und lieben gelernt hatte. Er wollte alle Ausgaben übernehmen.

Billy rief: »Ich hab es doch gesagt, Mama! Wir machen Urlaub in Hawaii!« Jedes Detail seines Traums traf genau so ein, wie er es vor sich gesehen hatte, auch das Penthouse.

Ihnen ist sicher aufgefallen, dass der Junge den Traum in aller Deutlichkeit erlebt hatte. Das Unterbewusstsein ist empfänglich für Suggestionen, und Sie haben sicher auch registriert, dass Billy um eine klare Antwort gebeten hatte. Sein Unterbewusstsein reagierte entsprechend.

Wie wichtig es ist, klar und deutlich zu träumen

Mehrere Jahre lang wies ich mein Unterbewusstsein vor dem Einschlafen stets an: »Ich werde einen klaren und deutlichen Traum haben und mich danach daran erinnern.« Anscheinend habe ich mein Unterbewusstsein mit der Zeit davon überzeugt, denn heute sind fast 90 Prozent meiner Träume so klar zu lesen wie die Zeitung am Morgen. Sie liefern mir oft eine Antwort auf meine Affirmationen.

Das Bewusstsein kann die Aktivitäten des schlafenden Geistes steuern und tut das auch regelmäßig. Sie können dafür sorgen, dass »schlimme« Träume, Albträume oder Träume, die Sie fürchten, nicht wiederkehren. Das Bewusstsein herrscht über das Unterbewusstsein, und man kann auf seine Träume einwirken, indem man Gedanken und Ideen bewusst auswählt und ablehnt – mithilfe dieser Fähigkeit beherrschen wir auch tagsüber unsere Überlegungen und Vorlieben. Auf diese Weise lernt man, die Kontrolle über seine Träume zu erlangen.

Wie mein Traum ein Leben rettete

Ein weibliches Mitglied meiner Gemeinde rief mich einmal an und bat mich, ihr einen Segen für eine bevorstehende Europareise mitzugeben. Was ich auch tat, und zwar in Form dieser Affirmation:

Göttliche Liebe und Harmonie gehen dir voraus, sie sorgen für Freude, Glück und Herrlichkeit auf deinen Wegen. Gottes Botschafter des Lebens, der Liebe, der Wahrheit und der Schönheit wachen die ganze Zeit über dich, und alle Transportmittel, die du nutzt, entsprechen Gottes Vorstellung davon, frei, heiter und voller Liebe von einem Ort zum anderen zu gelangen. Du befindest dich stets im Allerheiligsten der höchsten Macht und wirst von dessen alles umfassender Gegenwart behütet.

In jener Nacht hatte ich einen Traum, in dem ich deutlich sah, wie die Frau in England ein Flugticket für die Reise nach Frankreich erstand, und ich sah, wie ihr Flugzeug in Flammen aufging. Am nächsten Morgen rief ich sie an und erklärte ihr, dass ich aufgrund meiner Arbeit mit dem Unterbewusstsein oft Klarträume hatte. Ich fragte sie, ob sie vorhatte, in Europa auch Frankreich zu besuchen, was sie bejahte. Da erzählte ich ihr, was ich im Traum gesehen hatte, und riet ihr, nicht in das Flugzeug zu steigen.

Sie antwortete: »Ich bin so dankbar, dass Sie anrufen! Mir ist letzte Nacht im Traum mein verstorbener Bruder erschienen und hat gesagt: ›Liebe Schwester, wage es nicht, in dieses Flugzeug nach Perpignan zu steigen‹ – dann war er weg. Ich habe den Flug bereits abgesagt, da ich das überwältigende Gefühl hatte, er könnte katastrophal enden.«

Später war in den Schlagzeilen zu lesen, dass der todbringende Flug 88 Opfer gefordert hatte.

Wenn Sie dieses Buch bis hierher gelesen haben, werden Sie sofort erkennen, was diese Träume ausgelöst hatte. Unser gemeinsames Gebet am Telefon stimulierte und aktivierte unser Unterbewusstsein, das alles sieht und alles weiß und daraufhin mit einem symbolischen Traum – bei ihr – und einem eindeutigen Traum – bei mir – reagierte.

Selbsterhaltung ist das wichtigste Prinzip des Lebens, und Ihr Unterbewusstsein strebt immer danach, Sie zu beschützen und vor Leid zu bewahren. Denken Sie auch daran, dass Harmonie und Unheil einander ausschließen; das sprach dagegen, dass die Frau das Flugzeug betrat, das in der Luft in Flammen aufging, während sie gleichzeitig eingefordert hatte, dass Gottes Liebe und Harmonie ihr vorausgehen und ihren Weg geradlinig und freudvoll gestalten sollten.

Die Erscheinung ihres Bruders war eine Inszenierung ihres Unterbewusstseins. Es erkennt durch seine Allwissenheit, auf wen wir hören. Der Bruder hatte die Frau großgezogen, da der Vater früh gestorben war; er war ihr ein Vaterersatz gewesen, hatte ihr das Studium ermöglicht und finanziell für sie gesorgt. Er war einige Monate vor ihrem Traum verstorben.

Wie ein Junge sein Unterbewusstsein im Traum steuerte

Eine Mutter kam mit ihrem Sohn zu mir, der nur Gruselgeschichten las und hörte. Nacht für Nacht erschien ihm ein geisterhafter Mann, in ein weißes Laken gehüllt und mit furchterregenden Gesichtszugen, und sagte: »Ich nehme dich jetzt mit. Du bist ein böser Junge.« Der Traum verstörte den Jungen, er wachte jede Nacht schreiend und weinend auf.

Ich riet ihm, keine Gruselgeschichten mehr zu lesen, weil die tieferen Strukturen seines Geistes die Gedanken und Bilder, die sich vor dem Einschlafen ins Bewusstsein einprägen, stets verstärken. Außerdem schlug ich ihm vor: »Wenn der geisterhafte alte Mann dir erscheint, sei nett zu ihm, da er wahrscheinlich einsam ist und dich sehr mag; er will dich zum Freund haben. Vielleicht hat er einen Sohn verloren und sucht nun nach jemandem, der diesem ähnlich ist. Wenn du heute einschläfst und der Mann taucht auf, sag: ›Hallo! Ich bin Ihr Freund und mag Sie.‹ Reich ihm die Hand und biete ihm ein paar von den Keksen an, die deine Mutter backt.«

Also nahm der Junge an diesem Abend Kekse mit ins Bett und schob sie unter das Kopfkissen, und als der Mann erschien, hörte die Mutter, die im Bett neben ihrem Sohn lag, wie er sagte: »Hallo! Ich bin Ihr Freund und mag Sie. Hier sind ein paar Kekse für Sie. Meine Mutter hat sie gebacken, sie sind lecker.« Dann holte er das Gebäck hervor und bot sie der geisterhaften Gestalt an. Sofort ließ die überwältigende Angst nach. Der Junge entspannte sich und fiel in einen tiefen, erholsamen und natürlichen Schlaf, und der furchtbare Albtraum kam nie wieder.

Er hatte sich meine Empfehlungen zu Herzen genommen und meine Anweisungen befolgt, was den angsteinflößenden Bildern entgegenwirkte, mit denen er seinen Geist unbewusst gefüttert hatte. Indem er sich im Schlaf mit dem angeblichen Geist anfreundete, verschaffte er sich innere Ruhe.

Wie man einen verstörenden Traum abändert

Viele Leute, die Krimis lesen oder brutale Filme im Fernsehen schauen, nehmen verstörende Gedanken und Bilder unterbewusst mit in den Schlaf. Die tieferen Strukturen ihres Geistes greifen alles, was ihnen übermittelt wurde, auf und geben es verstärkt wieder, und die Betroffenen leiden an Albträumen, in denen sie von Löwen, Tigern und anderen wilden Tieren angegriffen werden. Ich habe bereits vielen dieser Menschen geraten, vor dem Einschlafen folgende Sätze zu wiederholen: »Ich weiß, warum ich diese Dinge träume, und ich weiß, dass es nur ein Traum ist. Ich verharre im Traum, doch die Schrecken verschwinden und lösen sich auf. Gottes Liebe erfüllt meine Seele, und ich träume friedlich die ganze Nacht über und wache fröhlich auf.«

Das funktioniert *immer.* Diese einfache Methode, Albträume zu kurieren, die aus Gruselgeschichten, Krimis oder von Gewalt durchzogenen Filmen oder Fernsehsendungen resultieren, kann jeder anwenden.

Ich empfehle jedem, in diesem Fall vor dem Schlafengehen mehrmals einen Psalm zu lesen, etwa den 23., 27., 42., 46., 91. oder 100. Das tilgt mögliche schädliche Muster im Unterbewusstsein und prägt ihm stattdessen gute, wohltuende Eindrücke auf. Und was Sie dem Unterbewusstsein übermitteln, gibt dieses Ihnen zurück.

Wie einem Richter die Antwort im Traum erschien

Ein Richter, der auch ein Mitglied meines Clubs ist, erzählte mir von einem höchst interessanten Traum. Etwa fünf Nächte in Folge hatte er geträumt, er stände vor einem Straßenschild mit der Aufschrift »Murphy Street« und befände sich dann gemeinsam mit einer großen Menschenmenge im Wilshire-Ebell-Theater in Los Angeles, wo ich öffentliche Vorträge halte. Mich selbst sah er in dem Traum nicht, doch der Traum beunruhigte ihn. Er sprach mit seiner Frau darüber, und sie riet ihm, mit mir zu reden.

Ich meinte dazu: »Wenn ein bestimmter Traum jede Nacht wiederkehrt, heißt das für gewöhnlich, dass Ihr Unterbewusstsein etwas nachspielt, das für Sie von großer Bedeutung ist. So wie Sie in einem Gerichtsverfahren vielleicht einen Punkt, der für die Jury entscheidend sein könnte, extra betonen.« Ich fuhr fort, dass Träume immer sehr persönliche Angelegenheiten seien und jede Interpretation durch ihn selbst erfolgen müsse. Meine intuitive Erklärung laute jedoch, dass sein Unterbewusstsein aus irgendwelchen Gründen wolle, dass er am folgenden Sonntag meinen Vortrag zum Thema »Eine spirituelle Haltung zur Ungerechtigkeit« besuche, da es keine Murphy Street in der Nähe des Theaters gab und der Name daher zweifellos auf mich verwies.

Der Richter schien ganz in Gedanken versunken und sagte dann: »Das stimmt. Ich habe mehrere schlaflose Nächte verbracht, weil ich eine wichtige Entscheidung treffen muss, und mich dabei gefragt, welche spirituelle Haltung angebracht ist, weil es seit Anbeginn der Menschheit so viel Ungleichheit und Ungerechtigkeit auf der Welt gibt.«

Also kam er am Sonntag zum Vortrag und sagte, als er mir zum Abschied die Hand schüttelte: »Sie hatten recht, und mein Traum stimmte. Ich habe die Antwort erhalten und weiß jetzt, wie ich zu entscheiden habe.«

Die Wege des Unterbewusstseins sind unergründlich. Die Bibel formuliert in Bezug auf seine Funktionsweise: *Meine Gedanken sind nicht eure Gedanken, und eure*

Wege sind nicht meine Wege – Spruch des Herrn. So hoch der Himmel über der Erde ist, so hoch erhaben sind meine Wege über eure Wege, und meine Gedanken über eure Gedanken. (Jesaja 55, 8f.)

Hilfe für einen Theologiestudenten

Vor Kurzem hatte ich Besuch von einem Priesterseminarstudenten im vierten Studienjahr, der zu mir sagte, Freuds Definition laute, dass ein Traum einen erfüllten Wunsch symbolisiere, doch das träfe bei einem Traum von ihm ganz sicher nicht zu.

In unserem Gespräch erklärte ich ihm, dass das Unterbewusstsein alles in Traumform bringen könne, was ihn ernsthaft beschäftigte – es sei gut möglich, dass sein Geist, der im Alltag ständig mit dem Studium der Religion und der Bibel befasst sei, im Traum auf biblische Verse oder Figuren zurückgreife, wenn es bestimmte Personen darstellen wolle. Er müsse nur die Vision von Petrus in der Apostelgeschichte lesen, die mit Vers neun im zehnten Kapitel beginnt, und sich anschauen, wie das Dilemma, unter dem Petrus litt, in einem Traum komplett aufgelöst wird, als er die Stimme der Intuition sagen hört: … *Was Gott für rein erklärt, nenne du nicht unrein.* (Apostelgeschichte 10,15)

Der Traum des Studenten

Der Student hatte mehrere Nächte im Tiefschlaf von einem glänzenden Schwert und einem Mann geträumt, offenbar Jesus, der das Schwert schwang. Dann erschienen die Worte: »Ich bin nicht gekommen, um Frieden zu bringen, sondern das Schwert.«

Der junge Mann fragte mich: »Was bedeutet das? Ich habe meinen Professor gefragt, doch der meinte: ›Vergiss es. Es ist nur ein Traum. Du hast in der Bibel gelesen und das hat deine Fantasie angeregt.‹«

Er fuhr fort: »Ich bin völlig verstört. Ich war schon beim Psychologen bei uns am Seminar. Er hat mir Beruhigungsmittel gegeben, die auch etwas geholfen haben. Doch ich hinterfrage jetzt alles, was ich lese, höre und lerne. Ich kann die Bibel nicht wörtlich nehmen – ich glaube, dass alle Menschen Kinder Gottes sind, Gott nicht auf die Person sieht und keine Kirche oder Glaubensrichtung die alleinige Wahrheit vertritt.«

Meine Interpretation und seine Reaktion

Das, was in der Bibel über die Traumdeutung steht, weist darauf hin, dass prophetische und von Gott eingegebene Träume eine große Bedeutung haben, denn sie kommen sowohl im Alten als auch im Neuen Testament häufig vor. Die Sprache der Bibel ist symbolträchtig, bildlich und allegorisch, und alle Geschichten in der Bibel entstammen dem Unterbewusstsein beseelter Verfasser.

Das Schwert ist ein altes Symbol der Wahrheit, der Gegenwart Gottes im Menschen, die ihn von Aberglauben, Unwissenheit, falschen Überzeugungen und allen möglichen Ängsten befreit. Wenn ein Mensch die Wahrheit über sich selbst und die Funktionsweise des Bewusstseins und des Unterbewusstseins lernt, erkennt er, dass er der Meister seines eigenen Schicksals ist. Die Wahrheit wühlt uns auf, löst einen inneren Disput aus, fordert alle Falschlehren, Irrglauben und unzutreffenden Dogmen und Traditionen heraus und erzählt von einem Gott der Liebe.

Das Schwert der Wahrheit trennt die Spreu vom Weizen, das Falsche vom Richtigen. Es steht für die göttliche Vernunft, die vom Standpunkt der universellen Wahrheiten aus argumentiert, nicht von dem der menschengemachten Theologie, der Überzeugungen von Menschen, Liturgien und Zeremonien.

Ich erklärte dem jungen Mann: »Ihr Traum fordert Sie auf, die Dinge eigenständig zu durchdringen, nicht auf der Grundlage des äußeren Erscheinungsbildes oder theologischer Komplexitäten, sondern ausgehend von den geistigen und spirituellen Gesetzen, die genauso gelten wie die Gesetze der Chemie, der Physik oder der Mathematik. Die göttliche Gegenwart in Ihnen weist Sie an, sich komplett von Ihren jetzigen Überzeugungen zu lösen und Ihre eigene Göttlichkeit zu akzeptieren. Treffen Sie Ihre Entscheidungen auf der Grundlage der kosmischen, universellen Wahrheiten Gottes, die gestern, heute und morgen immer gleich sind. Die göttliche Wahrheit in Ihnen wird Sie nicht ruhen lassen, bis Sie an Gottes Güte, seine Liebe, seine Harmonie und seine Freude glauben, denn das gibt Ihnen Kraft.«

Der junge Mann trug einen schweren Konflikt in sich aus: Er bekannte sich mit den Lippen zu einem Glauben, den er im Herzen nicht für richtig hielt. Dieser Konflikt hatte ihn an den Rand eines Nervenzusammenbruchs gebracht, er hatte psychiatrische Unterstützung und Medikamente gebraucht. Doch sobald die Wirkung der Pillen nachließ, reckte die geistige Entzündung, das Trauma, immer wieder den Kopf in die Höhe und sagte: »Hier bin ich. Löse mich!« Und der Traum kehrte zurück.

Die Lösung

Nun meinte er zu mir: »Jedes Wort, das Sie sagen, fühlt sich für mich wahr an. Egal, was meine Eltern sagen und denken, ich breche das Theologiestudium ab und praktiziere das, was ich wirklich glaube.«

Heute studiert er Psychologie, er befasst sich viel mit dem Geist und der Macht des Unterbewusstseins. Er hat eine nette Frau geheiratet und ist mit seinem neuen Studienfach sehr glücklich. Er strebt jetzt an, freier Prediger zu werden und den Menschen eine psychologisch und spirituell begründete Interpretation der Bibel zu vermitteln.

Eine Antwort aus der Bibel

Vor einiger Zeit aß ich gemeinsam mit einem Verwandten von mir, einem Priester, zu Abend. Er hatte große Schwierigkeiten mit einigen führenden Mitgliedern seiner Gemeinde und dem Bischof selbst und hatte Gott um Hilfe bei der Lösung dieses Problems gebeten.

»Joe«, sagte er zu mir, »du vertrittst eine Auslegung der Bibel, mit der ich größtenteils nicht einverstanden bin, aber einigen Aspekten deiner Lehre stimme ich zu. Was sagst du zu diesem Traum, den ich in den letzten Monaten vier oder fünf Mal hatte? Darin sah ich stets einen Vers aus den Sprüchen vor mir: *Bieg nicht ab, weder rechts noch links, halt deinen Fuß vom Bösen zurück!* (Sprüche 4,27)«

»Tom«, antwortete ich, »ich bin mir sicher, dass du die Bedeutung dieser Worte so gut kennst wie ich. Es handelt sich eindeutig um eine Antwort auf deine Bitte um göttliche Anleitung. Es soll nur heißen, dass du in der Situation nichts tun solltest, weder objektiv [rechte Hand] noch subjektiv [linke Hand]; es gibt also keinen Grund mehr, weiter zu beten. Der Fuß steht in der biblischen Symbolik für das Verständnis, *den Fuß vom Bösen zurückhalten* bedeutet: sich keine Sorgen mehr zu machen und das negative Denken einzustellen, denn das *Böse* wäre in diesem Fall, anderen oder den Umständen die Macht zu überlassen statt dem Gott in deinem Inneren.«

Er fragte nach: »Du meinst also, ich sollte mich still verhalten und einfach nichts tun, sodass Gott die Sache regeln kann?«

»Ja«, gab ich zurück, »genau das meine ich. Doch wenn du den Traum anders verstehst, ist meine Deutung offensichtlich nicht die richtige.«

Tom sagte: »Doch, das ist es. Ich weiß es genau!«

Etwa einen Monat später verstarb der Bischof, der ihn so kritisiert hatte, und die Männer, die ihm Ärger bereitet hatten und ihn absetzen wollten, wurden von ihren Arbeitgebern in andere Städte versetzt.

Vor ein paar Tagen rief Tom mich an, er hatte eine Frage: »Joe, der Traum stimmte. Warum ist mir das im Traum erschienen?«

Meine Antwort lautete: »Tom, ich weiß nur, was in der Bibel steht: *... ich ... rede mit ihm im Traum.* (Numeri 12,6)«

Kapitel 8

Lassen Sie die außersinnliche Wahrnehmung für sich arbeiten

Dieses Buch liefert den geistigen Schlüssel zur Lösung menschlicher Probleme. Ich habe festgestellt, dass die Lösungen für die verworrensten Probleme, die uns beschäftigen, aus dem Unterbewusstsein zu uns gelangen. Schon im Alter von etwa neun Jahren entwickelte ich ein ausgeprägtes Interesse für die Wirkungsweise des Geistes und war fasziniert von den intuitiven und übersinnlichen Fähigkeiten, die von den Bauern in abgelegenen Landstrichen zur Lösung ihrer Probleme eingesetzt werden.

Wie die außersinnliche Wahrnehmung half, ein vermisstes Kind aufzuspüren

In einem Haus, das rund 400 Meter von unserem entfernt war, lebte ein Bauer, den ich hier Jerry nennen möchte. Als Kind besuchte ich ihn oft auf dem Feld, und es machte mir Spaß, ihm bei verschiedenen Aufgaben zu helfen. Eines Tages war sein Sohn Jeremiah verschwunden. Als es Abend wurde, war der Junge noch nicht wieder aufgetaucht. Jerry machte sich große Sorgen. Er rief die Nachbarn zusammen, und eine Gruppe von Männern ritt aus, um nach dem Kind zu suchen, da der Junge zu einigen Bekannten gesagt hatte, er wolle den Mount Kidd besteigen, einen Berg, der ganz in der Nähe unseres Wohnorts in West Cork aufragte. Doch der Suchtrupp fand keine Spur des Jungen. Bald brach die Nacht herein, und sie mussten die Suche abbrechen.

In dieser Nacht hatte der verzweifelte Jerry einen lebhaften Traum. Er sah klar und deutlich, wo sein Sohn war. Der Ort kam ihm bekannt vor, der Junge lag unter einem Busch nahe einem speziell geformten Stein. Daher schnappte sich Jerry bei Tagesanbruch seinen Esel und machte sich zu der entsprechenden Stelle im Gebirge auf. Das letzte Stück musste er zu Fuß erklimmen; er band den Esel an und kletterte allein zu dem Ort hinauf, wo er seinen Sohn tatsächlich schlafend unter dem Busch vorfand. Erleichtert und überglücklich weckte er den Jungen auf, und obwohl dieser überrascht war, seinen Vater zu sehen, sagte er sofort: »Ich habe gebetet, dass du mich findest.«

Der Bauer hatte sich, genau wie Tausende andere Menschen auch, die außersinnliche Wahrnehmung zur Lösung von Problemen zunutze gemacht. Ich sollte vielleicht noch erwähnen, das Jerry nie zur Schule gegangen war und weder lesen noch schreiben konnte. Er wusste sicher nichts über die Gesetzmäßigkeiten des Geistes oder die außersinnliche Wahrnehmung. Begriffe wie

»Telepathie«, »Hellsichtigkeit« oder »Vorahnung« hätten ihm nichts gesagt.

Ich weiß noch, wie ich Jerry fragte: »Woher wusstest du, wo Jeremiah war?« Er meinte: »Gott hat es mir in einem Traum mitgeteilt.«

Meiner Ansicht nach war die Antwort ganz einfach: Er hatte an seinen Sohn gedacht, sich gefragt, wo er wohl sein könnte, bevor er eingeschlafen war, und wahrscheinlich auf seine schlichte Weise zu Gott gebetet. Daraufhin hatte ihm sein Unterbewusstsein die Antwort in Form einer hellsichtigen Vision geliefert.

Wie Sie die außersinnliche Wahrnehmung nutzen können

Ich habe bereits mit Hunderten Menschen gesprochen, die an bestimmte Kenntnisse und Informationen gelangt waren, die sich ihnen über die gewöhnlichen fünf Sinne niemals erschlossen hätten. In jedem Fall hatten sie ihre ganze Aufmerksamkeit darauf gerichtet, eine Antwort zu erhalten, und die tieferen Strukturen ihres Geistes hatten durch Träume und nächtliche Visionen oder blitzartige Eingebungen darauf reagiert.

Ein unerwarteter Gewinn

Vor einigen Jahren besuchte eine Frau – nennen wir sie Jean Wright – gemeinsam mit ihrem Mann und einigen anderen die Rennbahn in Agua Caliente. Zu der Zeit hatte sie nicht das geringste Interesse an paranormalen oder übersinnlichen Erscheinungen oder der Funktionsweise der tieferen Strukturen des Geistes. Am Abend vor dem Ausflug drehten sich ihre Gedanken beim Zubettgehen um die Rennen am nächsten Tag und die Frage, was sie anziehen sollte. Dabei dachte sie darüber nach, dass sie noch nie in ihrem Leben auf einer Rennbahn gewesen war und keine Ahnung von Pferden, Jockeys oder Wetten hatte. Vor dem Einschlafen sagte sie zu sich: »Ich hoffe, dass ich morgen weiß, was ich tun muss, und auf die richtigen Pferde setze, da ich nur vier Dollar ausgeben will – je zwei Dollar für zwei Rennen.«

Mrs Wright ist eine sehr empfängliche Frau mit Hang zu übersinnlichen Fähigkeiten, die oft von zukünftigen Ereignissen träumt. In jener Nacht sah sie im Schlaf, wie zwei Pferde namens Robby's Choice und Billy's Friend die Rennen gewannen. Sie spürte, dass es so auch kommen würde. (Die Namen ihrer beiden Söhne lauten Robby und Billy.)

Als ihre Gruppe am nächsten Morgen an der Rennbahn eintraf, ließ Mrs Wright sich von ihrem Mann erklären, wie man wettet. Sie setzte ihr Geld auf die beiden genannten Pferde, mit einer Quote von 20 zu 1, und beide gewannen ihr Rennen.

Ihr Unterbewusstsein, die Quelle aller außersinnlichen Wahrnehmung, reagierte auf die fokussierten Gedanken direkt vor dem Einschlafen. Die Aufmerksamkeit der Frau war ganz auf zwei Gewinner gerichtet, was das Unterbewusstsein aufgenommen hatte. Dementsprechend lieferte es ihr zwei Gewinner, obwohl sie nur beiläufig und ohne übermäßige Mühe oder Anstrengung danach gefragt hatte.

Die außersinnliche Wahrnehmung in Aktion

Eine der bemerkenswertesten Studien zu außersinnlichen Phänomenen führte Prof. J. B. Rhine von der Duke University durch. Er hat mehrere Bücher zu dem Thema veröffentlicht und in vielen Ländern der Welt Vorträge vor einem wissenschaftlichen Publikum gehalten. Dafür hat er eine gewaltige Menge an – wohldokumentiertem und gut belegtem – Material über die außergewöhnliche Macht des Geistes zusammengetragen. Ganz besonders interessierte ihn die Hellsichtigkeit – die Fähigkeit, ohne Einsatz der üblichen Sinnesorgane etwas zu wissen, was sich anderswo abspielt, und solche Ereignisse klar vor sich zu sehen.

Außerdem forschte Prof. Rhine viel zu den Themen Vorahnung (ein Gespür für zukünftige Geschehnisse, bevor sie eingetreten sind), Telepathie (die Übertragung eines Gedankens von einem Menschen auf den anderen), Telekinese (die Fähigkeit, durch den Geist auf Gegenstände und Objekte einzuwirken, ohne sie zu berühren) und Retrokognition (der Blick in die Vergangenheit). Es ist interessant zu lesen, dass es in den USA, in Europa und Indien Forschungslabore gibt, die mit wissenschaftlichen Mittel und in langjährigen Studien festgestellt haben, dass wir alle die Fähigkeit zur außersinnlichen Wahrnehmung in uns tragen, diese jedoch bestimmten Grundregeln der mentalen Aktivität folgt.

Die Vorahnung eines kleinen Mädchens

Als meine jüngste Schwester Elizabeth etwa fünf Jahre alt war, rief sie, während wir alle fünf (zwei Jungen und drei Mädchen) im Garten spielten, auf einmal laut, sie sähe einen Beerdigungszug – unsere Großmutter sei tot. Sie nannte den Priester, der den Zug anführte, und erblickte, wie unsere Eltern in einer Kutsche folgten. Wir lachten sie aus, und meine Mutter rügte sie dafür, dass sie die Frechheit besaß, zu behaupten, Großmutter sei tot, obwohl wir alle wussten, dass sie quicklebendig war. Sie wohnte etwa 25 Kilometer von uns entfernt. Zu der Zeit gab es in diesem abgelegenen Teil des Landes noch keine Telefonverbindung. Die Kommunikation fand zu Fuß oder per Pferd oder Esel statt.

Noch am selben Abend kam ein Verwandter zu uns geeilt, teilte uns mit, dass Großmutter gestorben sei, und lud unsere Eltern zur Beerdigung und zur Totenwache ein. Er erzählte, der Tod sei gegen 14 Uhr eingetreten, etwa zu der Zeit, zu der Elizabeth den Beerdigungszug und den Priester gesehen hatte.

Diese Fähigkeit zur außersinnlichen Wahrnehmung nennt sich *Vorahnung*, weil die Beerdigung, die Elizabeth gesehen hatte, erst am nächsten Tag stattfand, unter der Leitung des Priesters, den sie genannt hatte. Doch da ihre Fähigkeiten leider immer wieder kritisiert und belächelt wurden, unterdrückte sie sie mit der Zeit. So verkümmerten sie langsam.

Sehen, was in der Ferne geschieht

Ein klassisches Beispiel für diese Fähigkeit liefert der berühmte Emanuel Swedenborg, dessen Fall sogar vom ebenfalls berühmten Immanuel Kant untersucht wurde. Als sich Swedenborg einst mit einer Gruppe von Wissenschaftlern in Göteborg unterhielt, hatte er plötzlich eine Vision eines großen Feuers, das über 400 Kilometer entfernt in Stockholm ausbrach. Er sah, was es auslöste und wie es sich ausbreitete. Darüber hinaus konnte er auch die Löscharbeiten detailliert beschreiben. Ein paar Tage später trafen Botschafter aus Stockholm ein, die das, was Swedenborg gesehen hatte, bestätigten.

Das zeigt, dass in uns allen transzendentale Kräfte schlummern, die sich über die Begrenzungen von Zeit und Raum hinwegsetzen können.

Die außersinnliche Wahrnehmung wirkt überall

Als ich kürzlich nach San Francisco reiste, saß ich im Flugzeug neben einer Frau, die sehr unglücklich und verzweifelt wirkte. Sie bot mir eine Zeitung an. Plötzlich verspürte ich den überwältigenden Drang, sie zu fragen, ob sie ihren Mann verlassen hatte. Die Frau reagierte verblüfft und sagte: »Ja. Warum fragen Sie das?« – »Weil ich es gespürt habe«, meinte ich.

Sie sagte: »Oh! Sie sind einer von diesen Hellsehern.« Ich gab zurück: »Nein, das nicht, aber manchmal erhalte ich eine Eingebung aus dem Unterbewusstsein. Ich glaube, dass es jedem so ergeht, der die Gesetze des Geistes und die unendliche Intelligenz in sich nutzt.«

»Verstehe«, sagte sie. »Ja, ich habe meinen Mann heute Morgen verlassen und will mit einem Mann aus San Francisco nach Australien gehen, sobald seine Scheidung durch ist. Jetzt weiß ich nicht, ob ich das Richtige tue oder nicht. Ich bin hin- und hergerissen.«

Ich fühlte mich genötigt, ihr einen Rat zu geben, und sagte ihr, was sie wirklich wolle, sei, einen optimalen Partner zu finden, der sie liebte, für sie sorgte und sie schätzte, und dass diese Liebe beiderseitig sein musste. »Sie wollen einen Mann, der perfekt zu Ihnen passt – intellektuell, spirituell und in jeder Hinsicht. Jetzt gerade sind Sie verwirrt und zornig auf Ihren aktuellen Mann. Es wäre dumm, derart negativ gestimmt eine Entscheidung zu treffen.«

Die Affirmation der Frau

Ich formulierte eine Affirmation für sie und riet ihr, dem Impuls zu folgen, der ihr in den folgenden paar Tagen käme. Außerdem empfahl ich ihr, nicht mit dem Mann in Kontakt zu treten, den sie heiraten wollte, und einfach auf eine innere Anweisung zu warten. Hier ist die Affirmation:

Ich weiß, dass es im Leben ein Prinzip des rechten Handelns gibt. Ich weiß, dass das Lebensprinzip in mir eine harmonische, friedliche und freudvolle Ausdrucksform sucht. Ich fordere die höchste Intelligenz, die den Kosmos lenkt und die Planeten auf ihren Bahnen hält, dazu auf, mich zur richtigen Entscheidung zu führen.

Ich übergebe diese Vorstellung oder Bitte nun an die tieferen Strukturen meines Geistes, denen die höchste Intelligenz innewohnt, und befolge die Anweisung, die klar und deutlich in meinem vernunftbegabten Bewusstsein erscheint.

Die Frau wiederholte diese Affirmation mehrmals täglich, insbesondere vor dem Einschlafen. In der dritten Nacht hatte sie eine Vision, die sie beunruhigte. Ihr verstorbener Bruder erschien ihr in einem lebhaften Traum und warnte sie davor, den Mann aus San Francisco zu heiraten. Er werde sie nur ausnutzen, sich von ihr aushalten lassen und sie letzten Endes doch nicht heiraten. Der Bruder sagte: »Kehr zu deinem Mann zurück«, und verschwand.

Das war die außersinnliche Wahrnehmung in Aktion. Die tieferen Strukturen des Geistes erkannten die Motive des Mannes, den die Frau heiraten wollte; sie spürten, dass er unaufrichtig war, und enthüllten das der Frau. Mit anderen Worten: Ihr Unterbewusstsein übermittelte ihr die Antwort in Gestalt ihres Bruders, da es sehr genau wusste, dass sie auf ihn hören würde.

Sie rief mich im Hotel an und erklärte freudig: »Ich habe eine Antwort erhalten! Ich kehre zu meinem Mann zurück.« Später erfuhr ich, dass die beiden sich miteinander versöhnt hatten. Man weiß nie, auf welche Weise sich Affirmationen erfüllen, da sich uns die Wege des Unterbewusstseins nicht erschließen.

Hellhörigkeit – eine Form der außersinnlichen Wahrnehmung

Eine befreundete Ärztin erzählte mir, dass sie bei jeder wichtigen Entscheidung, die sie treffen muss, unweigerlich eine innere Anweisung erhält, der sie vorbehaltlos folgt. Sie erklärte, dass diese Anweisung durch eine Stimme in ihrem Unterbewusstsein erfolgt, die sie entweder im Büro oder in Gegenwart ihrer Freunde vernimmt. Niemand sonst kann sie hören, daher handelt es sich zweifellos um eine unterschwellige Eingebung, die durch ihren tief gehenden, beständigen Glauben an diese Anweisungen entsteht. Diese Stimme sagt Ja, wenn sie einer Entscheidung zustimmt, und Nein, wenn sie dagegen ist.

Die Ärztin meinte, dass die innere Stimme immer richtigläge. Sie gelangte im Verlauf der Zeit zu der Überzeugung, dass Gott sie auf all ihren Wegen leitet. Wenn sie eine Antwort braucht, bekommt sie diese mittlerweile ganz automatisch.

Hellhörigkeit in der Geschichte

Sokrates gab offen zu, dass er sich ständig von seinem »Dämon« leiten ließ, den er als eine innere, beobachtende Stimme beschrieb, der er zuhörte und gehorchte. Diese Stimme sagte ihm, was er unterlassen sollte, und wenn sie stumm blieb, verstand er das als stillschweigende Zustimmung. In Platons *Dialogen* lesen wir, dass der »Dämon« – die Stimme der Intuition – Sokrates außergewöhnliche Kenntnisse verschaffte, die über die fünf Sinne hinausgingen.

Ein weiteres bemerkenswertes Beispiel für Hellhörigkeit ist Jeanne d'Arc, die heldenhafte Visionärin aus Frankreich. Es heißt, dass sie sich voll und ganz auf die direkten Botschaften oder »Stimmen« aus ihrem Unterbewusstsein verließ. Herausragende Historiker haben ihre außergewöhnliche Gabe im Verlauf der Jahrhunderte erforscht. Viele Parapsychologen sind zu dem Schluss gekommen, dass Jeanne zweifellos hellsichtig und hellhörig war.

Ein einzigartiges Beispiel ihrer hellseherischen Fähigkeiten ereignete sich, als sie ein junges Mädchen war und in Domrémy lebte. Damals verkündete sie öffentlich, dass hinter dem Altar der Katharinenkirche in Fierbois ein Schwert vergraben sei. Sie hatte die Kirche noch nie gesehen, doch als ein Mann neben dem Altar im Boden suchte, fand er dort ein Schwert, wie sie vorhergesagt hatte.

Wie die außersinnliche Wahrnehmung eine verlorene Quittung wiederfand

Vor ein paar Wochen rief mich ein Mann aus New Orleans an und sagte, er sei sich ganz sicher, dass seine verstorbene Frau vor ihrem Tod 2500 Dollar in bar für eine Armbanduhr aus Platin bezahlt habe, die sie ihm zum goldenen Hochzeitstag schenken wollte. Sie habe ihm die Quittung gezeigt. Jetzt verlangte der Juwelier die Bezahlung, obwohl der Mann sich sicher war, dass der Betrag schon komplett entrichtet war. Doch trotz seiner Aussage, seine Frau habe bezahlt und eine Quittung erhalten, blieb der Juwelier unerbittlich und behauptete, der Betrag stehe noch aus.

Der Mann durchsuchte das Haus gründlich, fand die Quittung aber nicht. Zu mir sagte er: »Können Sie mir helfen? Ich habe Ihr Buch *Die Macht Ihres Unterbewusstseins* gelesen, in dem von einem Testament die Rede war, das mithilfe des Unterbewusstseins wiedergefunden wurde.«

Ich erklärte ihm, dass ich an seiner Stelle die unendliche Intelligenz in seinem Inneren anrufen würde, damit diese ihm die Antwort eingab und ihn zu der Quittung führte. Ich schlug ihm vor, durch eine Affirmation seinen Glauben daran zum Ausdruck zu bringen, dass die unendliche Intelligenz alles weiß, also auch, wo sich die Quittung befindet, und es ihm im Rahmen der göttlichen Ordnung mitteilen könnte.

Nach etwa einer Woche schrieb er mir, dass ihm eines Nachts ein weiser alter Mann im Traum erschienen sei und ihn auf eine bestimmte Seite im Buch Jesaja aufmerksam gemacht habe. Dabei habe er die gesuchte Quittung deutlich vor sich gesehen. Er fuhr aus dem Schlaf hoch und lief ins Bibliothekszimmer. Dort schlug er die Bibel auf der Seite auf, die im Traum genannt worden war, und fand die Quittung. Sein Unterbewusstsein hatte ihm die Antwort geliefert, die das Bewusstsein nicht hatte geben können.

Wie man die außersinnliche Wahrnehmung für sich arbeiten lässt

Sie haben bestimmt schon einmal den weisen Ausdruck »über etwas schlafen« gehört. Das bedeutet, dass die tieferen Strukturen des Geistes, in denen Weisheit, Macht und die unendliche Intelligenz beheimatet sind, auf Ihr Bitten und Ihre Probleme reagieren werden, wenn Ihr

Bewusstsein zur Ruhe kommt und Sie Ihre gesamte Aufmerksamkeit auf die Lösung oder die Antwort richten, die Sie suchen.

Wenn Sie etwas verloren und schon überall danach gesucht haben, regen Sie sich nicht weiter auf, sondern entspannen Sie sich, lassen Sie die Sache los, übergeben Sie sie an das Unterbewusstsein und sagen Sie Folgendes:

Die unendliche Intelligenz in meinem Unterbewusstsein weiß alles. Sie weiß, wo sich der gesuchte Gegenstand befindet, und wird es mir klar und eindeutig enthüllen. Ich werde von Gott zu ihm geführt. Darauf vertraue ich vorbehaltlos. Ich lasse die Sache los und entspanne mich.

Wenn Sie sich gedanklich von der Suche lösen und sich mit anderen Dingen befassen, werden die außersinnlichen Fähigkeiten Ihres Unterbewusstseins Sie direkt zu dem verlorenen Gegenstand leiten. Vielleicht sehen Sie ihn in einem Traum vor sich oder Ihre Schritte werden dorthin geführt.

Denn in der Bibel steht: *Der Herr gibt es den Seinen im Schlaf.* (Psalm 127,2)

Kapitel 9

Nutzen Sie die Macht der Selbstbestimmung

Bei Markus 11,23 lesen wir: *Amen, das sage ich euch: Wenn jemand zu diesem Berg sagt: Hebe dich empor und stürz dich ins Meer!, und wenn er in seinem Herzen nicht zweifelt, sondern glaubt, dass es geschieht, was er sagt, dann wird es geschehen.*

Die Wahrheit dieser Worte wird Sie nie enttäuschen, sondern verschafft Ihnen unendliche Macht, durch die Sie Ihr Leben nach Belieben gestalten können. Der Berg, von dem die Rede ist, steht für die Schwierigkeiten, Herausforderungen und Probleme, denen Sie begegnen. Sie mögen überwältigend und unbezwingbar wirken, doch wenn Sie an die unendliche Macht in sich glauben und nicht daran zweifeln, können Sie kühn das Folgende behaupten:

Ich werde diese Herausforderung mithilfe der unendlichen Macht meistern. Gegen die göttliche Macht ist das Problem chancenlos. Ich werde es tapfer angehen, da ich weiß, dass mir die nötige Kraft, Weisheit und Stärke dafür gegeben sind. Ich glaube fest daran, dass Gott die Antwort kennt und ich eins mit Gott bin. Er zeigt mir einen Ausweg, einen glücklichen Ausgang. Ich lebe in der Überzeu-

gung, dass der Berg verschwinden wird – er wird sich im Licht von Gottes Liebe auflösen und nicht mehr zu sehen sein. Das glaube ich, ich akzeptiere es von ganzem Herzen, es ist so.

Wie eine junge und entmutigte Frau zu einem selbstbestimmten Leben fand

Als ich vor ein paar Jahren einen Vortrag in Honolulu hielt, suchte mich eine junge Japanerin auf, die ganz entmutigt und niedergeschlagen war. Trotz ihrer erst 30 Jahre hatte sie bereits mehrere Operationen hinter sich, ihr war eine Brust ab- und die Gebärmutter herausgenommen worden. Sie sagte: »Ich bin keine Frau mehr. Ich kann keine Kinder mehr gebären, niemand will mich zur Partnerin.« Meine Antwort lautete, frei nach Emerson: »Sie sind ein Organ Gottes, und Gott braucht Sie dort, wo Sie sind, sonst wären Sie nicht dort.«

Ich wies sie darauf hin, dass wir im Leben immer Rückschläge und Enttäuschungen erfahren und dass niemand abstreiten kann, dass wir Prüfungen und Schwierigkeiten überstehen müssen, doch dass in uns allen eine unendliche Macht weilt, die uns die nötige Kraft verleiht, diese Phasen zu überstehen. Freude ergebe sich vor allem daraus, solche Situationen zu meistern.

Dann riet ich ihr, dass sie ihre Niedergeschlagenheit am raschesten überwinden könne, wenn sie ihre Fähigkeiten und Talente, ihre Liebe und Güte freigebig anderen zukommen lasse. So könne sie sich aus der Selbstversunkenheit, von Selbstmitleid und Selbstzweifeln befreien. Da sie Krankenschwester war, solle sie zu ihrer Arbeit zurückkehren und sich mit ganzem Herzen in die Pflege anderer Menschen stürzen, ihnen Gottes heilende Liebe zukommen lassen und ihr eigenes göttliches Selbst anderen zur Verfügung stellen. Ich erinnerte sie daran, dass ichbezogene Menschen selten glücklich sind und dass das Geheimnis eines erfüllten Lebens darin bestehe, anderen Liebe, Freude und Glück zu verschaffen.

Darüber hinaus riet ich ihr, mehrmals täglich laut den 42. Psalm zu lesen und sich dabei die Worte wie eine köstliche Mahlzeit im Mund zergehen zu lassen. Sie solle sie nicht murmeln oder einfach gedankenlos aufsagen, sondern die großen Wahrheiten spüren, die darin enthalten seien, und so ein tiefes, fundamentales Gefühl der Verbundenheit mit Gott entwickeln. Dabei würden ihr Geist und ihr Herz durch die unendliche Macht in ihrem Inneren verwandelt.

Wie sie die Gegenwart Gottes beschwor

Sie befolgte meinen Rat und nahm ihre Arbeit wieder auf. Dort bedachte sie ihre Patienten mit Freundlichkeit, Liebe und Ermutigungen und erzählte ihnen von der unendlichen Macht Gottes, zu heilen und Glauben zu entfachen. Mir schrieb sie später in einem Brief, dass sie in zwei Jahren keinen Patienten verloren habe. Sie betet für jeden Menschen in ihrer Obhut mit den Worten: »Gott ist das Leben, seine Liebe und Kraft finden nun in N. N. Ausdruck.« So beschwört sie die Gegenwart Gottes, denn nichts anderes ist die konstante Ausübung von Harmonie, Gesundheit, Frieden, Freude und Liebe jedem Menschen gegenüber.

Ihr triumphaler Sieg

Am Weihnachtstag hatte ich das große Vergnügen, in meinem Haus eine Trauung durchzuführen: Ich verheiratete die Krankenschwester und den Arzt, der sie damals operiert hatte. Nach der Zeremonie sagte der frischgebackene Ehemann: »Sie ist mehr als nur eine Krankenschwester. Sie ist ein Engel der Gnade.« Er hatte die Ausstrahlung und die Schönheit ihrer Seele erkannt. Emerson schrieb: »Ringe und Schmuck sind keine Geschenke. Das einzige wahre Geschenk ist ein Teil deiner selbst.«

Dies ist der Psalm, der die Gabe Gottes weckte:

Wie der Hirsch lechzt nach frischem Wasser, so lechzt meine Seele, Gott, nach dir.

Meine Seele dürstet nach Gott, nach dem lebendigen Gott.

Wann darf ich kommen und Gottes Antlitz schauen?

Tränen waren mein Brot bei Tag und bei Nacht; denn man sagt zu mir den ganzen Tag: »Wo ist nun dein Gott?«

Das Herz geht mir über, wenn ich daran denke: wie ich zum Haus Gottes zog in festlicher Schar, mit Jubel und Dank in feiernder Menge.

Meine Seele, warum bist du betrübt und bist so unruhig in mir?
Harre auf Gott; denn ich werde ihm noch danken, meinem Gott und Retter, auf den ich schaue.
Betrübt ist meine Seele in mir, darum denke ich an dich im Jordanland, am Hermon, am Mizar-Berg.
Flut ruft der Flut zu beim Tosen deiner Wasser, all deine Wellen und Wogen gehen über mich hin.
Bei Tag schenke der Herr seine Huld; ich singe ihm nachts und flehe zum Gott meines Lebens.
Ich sage zu Gott, meinem Fels: »Warum hast du mich vergessen?
Warum muss ich trauernd umhergehen, von meinem Feind bedrängt?«
Wie ein Stechen in meinen Gliedern ist für mich der Hohn der Bedränger;
denn sie rufen mir ständig zu: Wo ist nun dein Gott?
Meine Seele, warum bist du betrübt und so unruhig in mir?
Harre auf Gott; denn ich werde ihm noch danken, meinem Gott und Retter, auf den ich schaue. (Ps 42)

Der Reichtum des selbstbestimmten Lebens

Vor einiger Zeit sprach ich mit einer Frau, die etwa zwei Monate lang wegen eines Nervenzusammenbruchs und blutenden Magengeschwüren im Krankenhaus gelegen hatte. Doch ihre Probleme waren im Grunde emotionaler Natur. Sie sagte, ihr Mann sei sehr eigen, er gebe ihr jede Woche nur wenig Geld für die Haushaltsführung und das Essen für die zwei Kinder und fragte sich dann immer, wohin es denn nur verschwunden sei. Er erlaubte ihr nicht, zur Kirche zu gehen, weil er Religion für »Schwindel« hielt. Sie liebte das Musizieren, doch er untersagte ihr, ein Klavier zu haben.

Sie fügte sich seinen abwegigen und morbiden Vorstellungen und verleugnete ihre Wünsche, Talente und Fähigkeiten. Doch sie hegte einen starken Groll ihrem Mann gegenüber, und der unterdrückte Zorn und Frust lösten den Nervenzusammenbruch und die Magengeschwüre aus. Der Mann richtete mit seinem egoistischen und kaltherzigen Widerstand gegenüber ihren Ideen und Werten also großen Schaden bei ihr an.

Wie eine Erklärung Abhilfe schaffte

Ich erklärte dieser begabten Frau, dass die Ehe kein Freifahrtschein dafür sei, die Wünsche und Eigenschaften des anderen herabzusetzen, kleinzureden oder zu unterdrücken. Ich wies sie darauf hin, dass eine Ehe von gegenseitiger Liebe, Freiheit und Respekt geprägt und keiner der Partner schüchtern, abhängig, ängstlich und unterwürfig sein sollte. Sie müsse eine gewisse psychologische und spirituelle Reife erlangen und damit aufhören, ihre Persönlichkeit zu unterdrücken.

Nachdem ich mit beiden, dem Mann und der Frau, geredet hatte, riet ich ihnen, sich nicht länger wie Aasgeier aufzuführen, die sich an den Schwächen, Unzulänglichkeiten und Schrullen des anderen laben, sondern stattdessen das Gute und die wunderbaren Eigenschaften des Partners zu sehen, die sie zu Zeiten der Hochzeit aneinander bewundert hatten. Der Mann erkannte schnell, dass der Groll und die unterdrückte Wut seiner Frau der Grund des Zusammenbruchs und des Krankenhausaufenthalts waren. Gemeinsam erarbeiteten sie einen Plan, wie die Frau ihre musikalischen und gesellschaftlichen Neigungen besser ausleben könnte. Außerdem entschieden sie sich für ein gemeinsames Konto, dessen Einrichtung auf gegenseitiger Liebe und Vertrauen basierte.

Hier ist die Affirmation, die ich dem Mann nahelegte: *Von nun an versuche ich nicht mehr, den Charakter meiner Frau zu verändern. Ich will nicht, dass sie eine zweite Ausgabe meiner selbst wird, und auch nicht, dass sie ihre Talente oder ihre Persönlichkeit unterdrückt. Ich strahle Liebe, Frieden und Wohlwollen in ihre Richtung aus. Es ist mein aufrichtiger Wunsch, dass die unendliche Intelligenz in ihr sie in jeder Hinsicht leitet und führt und dass die göttliche Liebe zu jeder Zeit ihren Körper und Geist durchströmt. Gottes Frieden erfüllt sie beständig. Ich preise Gott in ihr. Ich beschließe, dass meine Frau glücklich, fröhlich und gesund ist und sich frei ausleben kann. Ich weiß, dass meine Gedanken umgesetzt werden. Ich weiß auch, dass*

Affirmationen durch Gewohnheiten wirken. Wenn ich beständig Gedanken dieser Art wiederhole, werde ich ein liebevoller, gütiger, verständnisvoller Mann werden. Immer wenn ich an meine Frau denke, werde ich bei mir sagen: »Gott liebt dich und sorgt für dich.«

Der Frau schlug ich folgende Affirmation vor:
Als ich meinen Mann heiratete, sah ich einige wundervolle Eigenschaften in ihm. Die sind immer noch da, und von nun an möchte ich sie sehen statt seiner Unzulänglichkeiten. Ich weiß, spüre und verlange, dass die unendliche Intelligenz ihn in jeder Hinsicht führt und leitet. Ich preise Gott regelmäßig und systematisch in meinem Mann. Das göttliche Gesetz steuert sein Handeln. Göttlicher Friede erfüllt seine Seele. Göttliche Liebe durchströmt seine Gedanken, Worte und Taten mir und den Kindern gegenüber. Gott liebt ihn und sorgt für ihn. Er führt ihn zu großen Erfolgen und sorgt für sein Wohlergehen. Mein Mann erhält Inspiration vom Allerhöchsten. Ich weiß, dass diese Gedanken, wenn ich sie regelmäßig und systematisch wiederhole, den Weg in mein Unterbewusstsein finden und dort wie Samen Triebe bilden. Immer wenn ich an meinen Mann denke, werde ich sagen: »Der Gott in mir grüßt den Gott in dir.«

Beharrlichkeit zahlt sich aus

Sowohl der Mann als auch die Frau hielten sich an ihre Vereinbarung und die Worte der Affirmationen. Sie wussten, dass etwas, an das man glaubt, auch eintritt.

Nach einem Monat rief mich die Frau an und sagte: »Ich habe zum Glauben an die Wahrheiten gefunden, die Sie für mich formuliert haben. Sie sind nun in mein Herz (Unterbewusstsein) eingegangen.« Der Mann fügte hinzu: »Nun bestimme ich über meine Gedanken, Emotionen und Reaktionen, und das Gleiche gilt für meine Frau. Es ist ein Teil unseres Lebens geworden.« Sie hatten entdeckt, dass die unendliche Macht stets in ihnen steckt.

Wie ein mutloser Mann zu Selbstachtung und Anerkennung fand

Ein junger Mann beschwerte sich bei mir, dass er bei gesellschaftlichen Zusammenkünften und auch bei Beförderungen ständig übergangen werde. Er fügte hinzu, dass er regelmäßig Kollegen und andere Leute zu sich nach Hause einlade, aber nie eine Gegeneinladung erhalte. Er war zutiefst verbittert.

Im Gespräch mit diesem wohlerzogenen jungen Mann über seine Kindheit und sein Elternhaus stellte sich heraus, dass er von einem puritanischen Vater aufgezogen worden war. Die Mutter war bei der Geburt verstorben. Der Vater, ein Tyrann und Despot, sagte oft zu seinem Sohn: »Du taugst nichts. Aus dir wird nie etwas. Du bist dumm. Warum bist du nicht so klug wie dein Bruder? Ich schäme mich für deine schulischen Leistungen.« Ich erkannte, dass der junge Mann seinen Vater hasste. Die ständige Zurückweisung hatte zu einem Komplex geführt, er hatte unterbewusst das Gefühl, kein Mensch könne ihn ertragen. Etwas bildlicher ausgedrückt: Der Vater hatte den Sohn psychisch stark verletzt, und der Sohn reagierte seitdem sehr empfindlich auf jeden zwischenmenschlichen Kontakt. Hinzu kamen eine gewisse Erwartungshaltung und die Angst davor, zurückgewiesen zu werden, entweder durch unhöfliches Verhalten oder durch eine direkte Abfuhr.

Ein Plan gegen die Komplexe

Ich wies ihn darauf hin, dass er in meinen Augen unter einer ständigen Angst vor Ablehnung und Zurückweisung litt und darüber hinaus seine Feindseligkeit und den Groll seinem Vater gegenüber auf andere projizierte. Dadurch verlange er zwanghaft immer wieder nach Verachtung und Abweisung, er *wollte* sich durch jemandes Auftreten, Verhalten, Aussagen oder dessen größerem Interesse an anderen verunglimpft fühlen. Ich erklärte ihm die Funktionsweise des Geistes und schenkte ihm ein Exemplar von *Die Macht Ihres Unterbewusstseins.* Für die Zwischenzeit gab ich ihm einen sehr praktischen Plan an die Hand, wie er seine Komplexe überwinden und sein Leben selbst in die Hand nehmen könne.

Der praktische Schritt-für-Schritt-Plan

Der erste Schritt bei der Lösung eines solchen Problems besteht in der Erkenntnis, dass alle Erfahrungen der Vergangenheit, wie sie auch aussehen mögen, komplett getilgt werden können, indem man das Unterbewusstsein mit ewigen Wahrheiten und lebensbejahenden Denkmustern füttert. Da das Unterbewusstsein für neue Eindrücke empfänglich ist und vom Bewusstsein kontrolliert wird, lassen sich alle negativen Muster, Komplexe, Ängste und Unterlegenheitsgedanken ausräumen. So sieht ein lebensbejahendes Muster aus:

Ich erkenne diese Wahrheiten an. Ich bin ein Kind des lebendigen Gottes. Er weilt in mir und ist mein wahres Ich. Von diesem Augenblick an werde ich Gott in mir lieben. Das bedeutet, diese einzigartige Macht zu ehren, zu respektieren, ihr die Treue zu geloben und zu halten. Von nun an respektiere ich die Göttlichkeit, die meine Ziele formt. Diese Gottesgegenwart in mir schuf mich, nährt mich und bildet das Prinzip des Lebens in mir. Die Bibel sagt: »Du sollst deinen Nächsten lieben wie dich selbst.« (Leviticus 19,18) Der Nächste ist mir näher als das Atmen, näher als Hände und Füße. In jedem bewussten Augenblick des Tages will ich die göttliche Gegenwart in mir ehren, preisen, rühmen und ihr mit gesundem und demütigem Respekt begegnen. Ich weiß, dass ich so auch automatisch Gott in anderen Menschen respektiere und liebe. Immer wenn ich an mir zweifle oder einen Fehler an mir zu entdecken meine, werde ich sofort sagen: »Ich ehre, liebe und preise die Gottesgegenwart in mir, meine Liebe zu mir selbst wächst Tag für Tag.« Ich weiß, dass ich andere nicht lieben und respektieren kann, wenn ich nicht auch mein wahres Selbst – Gott –, das über die Kraft der Heilung verfügt, liebe, ehre, respektiere und ihm mit Treue und Demut begegne. Indem ich Gott in mir ehre, ehre ich die Würde und die Göttlichkeit aller Menschen. Ich weiß, dass diese Wahrheiten, wenn ich sie bewusst und voller Gefühl und Glauben wiederhole, in mein Unterbewusstsein eingehen und ich von diesem dann dazu geführt werde, sie auszuleben, da dies in der Natur des Unterbewusstseins liegt. Was ich ihm aufpräge, muss ich auch ausleben. Daran glaube ich ohne Vorbehalt. Es ist wunderbar!

Der zweite Schritt besteht darin, diese Wahrheiten drei- bis viermal täglich zu wiederholen, immer zu bestimmten Zeitpunkten, um sich das konstruktive Denken zur Gewohnheit zu machen.

Der dritte Schritt lautet, sich selbst niemals zu verurteilen, zu erniedrigen oder herabzusetzen. Sobald Ihnen ein Gedanke wie »Ich tauge nichts«, »Mein Leben ist verflucht«, »Niemand will mich« oder »Ich bin ein Niemand« durch den Kopf geht, müssen Sie ihm sofort entgegenwirken, indem Sie sagen: »Ich preise Gott in mir.«

Im vierten Schritt stellen Sie sich vor, wie Sie einen freundschaftlichen und heiteren Umgang mit Ihren Kollegen pflegen. Hören Sie, wie Ihr Vorgesetzter Ihnen zu Ihrer guten Arbeit gratuliert. Malen Sie sich aus, wie Ihre

Freunde Sie in ihrem Haus begrüßen und willkommen heißen. Glauben Sie an dieses Bild und daran, dass es wahr ist.

Der fünfte Schritt besteht in der Erkenntnis und dem Wissen, dass das, was Sie gewohnheitsmäßig denken und sich vorstellen, eintreffen wird, denn was dem Unterbewusstsein eingeprägt wird, muss auch in Form von Erfahrungen, Umständen und Ereignissen in der Realität geschehen.

Diese Anweisungen befolgte der junge Mann wortgetreu, er wusste, was er tun musste und warum er es tat. Da er nun verstand, wie das Unterbewusstsein funktionierte, gewann er täglich größeres Vertrauen in die Methode und ihre Anwendung. Stück für Stück entledigte er sich seiner frühen psychologischen Traumata. Heute ist er ein gern gesehener Gast bei seinen Freunden und ist schon vom Chef und dem stellvertretenden Chef seiner Firma eingeladen worden. Seit er diese Technik kennt, hat er zwei Beförderungen erhalten und ist nun der verantwortliche Abteilungsleiter seiner Bank. Er weiß, dass der Einsatz der kosmischen Macht in seinem Inneren ihm die Fähigkeit verschafft, selbst über die Vergangenheit und jegliche Umstände, Erlebnisse und Ereignisse zu bestimmen. Denn uns widerfährt stets das, woran wir glauben.

Wie eine unglückliche Ehe gerettet wurde

Vor Kurzem erhielt ich einen Brief von einer Frau aus Texas:

Lieber Mr Murphy,

ich lese gerade Ihr Buch Die kosmische Dimension Ihrer Kraft, *das mir eine große Hilfe im Leben ist. Ich würde Sie nun gern bei einem Problem um Rat fragen. Mein Mann kritisiert mich immerzu und greift dabei auf Schimpfwörter, Sarkasmus und beißende Kommentare zurück. Er lügt so häufig, dass ich ihm nichts mehr glauben kann. Wir haben getrennte Schlafzimmer und es gibt keine eheliche Nähe. Egal, wie ich mich in unserer Gemeinde engagiere, er findet es immer falsch. Uns hat schon seit fünf Jahren niemand mehr zu Hause besucht. Ich empfinde eine starke Abneigung meinem Mann gegenüber. Ich befürchte, es dauert nicht mehr lange, bis ich ihn hasse. Ich habe ihn schon zweimal verlassen. Wir haben eine spirituelle Eheberatung hinter uns und sowohl einen Psychologen als auch die Rechtsberatung aufgesucht. Ich kann einfach nicht mit ihm kommunizieren. Was soll ich tun?*

Meine Antwort lautete:

Liebe N. N.,

Sie können es sich nicht leisten, irgendjemanden auf dieser Welt zu verabscheuen oder zu hassen. Derartige Gefühle sind Gift für den Geist und zehren an Ihnen. Sie rauben

Ihnen den Frieden, die Harmonie, die Gesundheit und die Urteilsfähigkeit. Sie zersetzen Ihre Seele und machen Sie zu einem körperlichen und psychischen Wrack. Nur Sie sind für Ihre Gedanken verantwortlich, auch für Ihre Einstellung Ihrem Mann gegenüber – nicht er. Mein Rat lautet daher, dass Sie nicht weiter versuchen, mit ihm zu kommunizieren, sondern die Sache voll und ganz Gott überlassen. Es ist falsch, eine Lüge zu leben. Besser, Sie beenden die Lüge, als damit zu leben. Wenn wir alles getan haben, um ein Problem zu lösen, ist irgendwann der Zeitpunkt gekommen, an dem wir uns auf die kosmische Weisheit in uns berufen, die eine Lösung finden soll. Sie haben Psychologen, Anwälte und Priester aufgesucht, sind also offensichtlich guten Willens, eine Versöhnung herbeizuführen, doch anscheinend ist keine Lösung in Sicht. Wenden Sie sich also konstruktiveren Zielen zu und arbeiten Sie an Ihrer Einstellung Ihrem Mann gegenüber, unter dem Motto »Ich bleibe ganz ungerührt«.

Hier ist eine Vorlage für eine Affirmation, die Ihnen helfen könnte, da die kosmische Macht niemals versagt:
Ich gebe meinen Mann in Gottes Hände. Gott hat ihn erschaffen und sorgt für ihn. Er enthüllt ihm seinen wahren Platz im Leben, an dem er Gottes Glück und Segen erfährt. Die kosmische Weisheit eröffnet ihm einen perfekten Plan und zeigt ihm, welchen Weg er einschlagen soll. Die kosmische Macht durchströmt ihn in Form von Liebe, Frieden, Harmonie, Freude und rechtem Handeln. Ich werde von Gott dazu angeleitet, das Richtige zu tun und die richtige

Entscheidung zu treffen. Ich weiß, dass das, was das Richtige für mich ist, auch das Richtige für meinen Mann ist; und ich weiß auch, dass das, was den einen glücklich macht, alle glücklich macht. Wenn ich an meinen Mann denke – ganz egal, was er sagt oder tut –, wiederhole ich stets bewusst und nachdrücklich: »Ich habe dich in Gottes Hände gegeben.« Ich bin mit allem im Reinen und wünsche meinem Mann alles Gute im Leben.

Ich riet ihr, sich ihrem eigenen Leben zuzuwenden, ihre Talente auszuleben und ihre sozialen Projekte fortzuführen. Außerdem sollte sie sich an die Affirmation halten, da die von göttlicher Kraft erfüllten Gedanken ihr Unterbewusstsein von jeglicher Verachtung und anderen negativen und zerstörerischen Giften befreien würden, die sich dort eingenistet hatten. Das geschehe genau so, wie sauberes Wasser Tropfen für Tropfen Schmutzwasser aus einem Eimer verdrängt, wenn man nur genügend Geduld hat. Man kann aber natürlich auch einen Schlauch in den Eimer halten und sich so schneller sauberes Wasser besorgen. Der Schlauch wäre in diesem Bild eine direkte Übertragung von Gottes Liebe und Wohlwollen in die Seele, die für eine sofortige Läuterung sorgen. Doch der schrittweise Prozess ist das übliche Verfahren.

Ein interessanter Ausgang

Die Wirkung der oben genannten Affirmation war durchschlagend, wie dieser Brief zeigte:

Lieber Mr Murphy,
ich bin zutiefst dankbar für Ihren Brief, Ihren Rat und die Gebetsmethode, die ich getreulich befolgt habe. Wenn mein Mann sarkastisch wurde und in Beschimpfungen und Schmähungen ausbrach, sagte ich stillschweigend: »Ich gebe dich in Gottes Hände.« Ich entwickelte ein neues Interesse an der Arbeit im Krankenhaus und für die Gemeinde und habe in den letzten sechs Wochen, seit ich die Affirmation praktiziere, viele neue Freundschaften geschlossen. Mein Mann hat letzte Woche um die Scheidung gebeten, und ich habe freudig zugestimmt. Wir haben unsere Besitztümer bereits so aufgeteilt, dass beide Seiten zufrieden sind. Er fährt jetzt nach Reno, um die Scheidung zu erwirken, und will eine Frau heiraten, die ich für die Richtige für ihn halte. Auch ich habe mich verliebt, in einen Freund aus Kindertagen, den ich bei der Arbeit im Krankenhaus wiedergetroffen habe. Wir wollen heiraten, sobald es rechtlich möglich ist.

Gottes Wege sind wirklich unergründlich.

Kapitel 10

Leben Sie ein erfülltes Leben

Zum Thanksgiving-Fest flog ich auf die hawaiianische Insel Kauai, um mich dort ein wenig unter die Menschen zu mischen, verschiedene Orte und landschaftliche Attraktionen zu besichtigen, und vor allem, um Hawaiianer kennenzulernen. Ich traf einen Fremdenführer, der mich vielen seiner Freunde vorstellte und mich in mehrere Häuser auf der ganzen Insel mitnahm, damit ich sah, wie die Menschen dort lebten. Sie alle wirkten glücklich, fröhlich und frei. Sie waren freundlich, großzügig, zutiefst spirituell und von der Musik und dem Lachen Gottes erfüllt. Ich sah mich Menschen gegenüber, die durch Gottes Liebe ein großartiges Leben im Geist der göttlichen Liebe führten. Auf den folgenden Seiten stelle ich dar, wie auch Sie diese Lebensweise für sich entdecken können.

Der Weg zum guten Leben

Als ich in einem abgelegenen Dorf ein paar Einkäufe tätigte, kam ich mit einem Mann ins Gespräch, der einige Jahre zuvor vom Festland gekommen war und nun ein kleines Lädchen betrieb. Er erzählte mir, dass er Alkoholiker gewesen sei und seine Frau ihn mitsamt dem gesamten Geld verlassen habe (sie hatten ein gemeinsames Konto gehabt). Daraufhin sei er verbittert, jähzornig und unausstehlich geworden und habe große Probleme gehabt, einen Arbeitsplatz zu behalten. Ein Freund empfahl ihm, nach Kauai zu gehen, der ältesten Insel von Hawaii, deren seltene Schönheit von satten Grüntönen und blühenden Gewächsen dominiert wird. Dieser Freund erzählte ihm von den tiefen, farbenfrohen Schluchten, den goldenen Stränden und den gewundenen Flüssen, die er sogleich klar vor Augen sah.

Wie er einen Sinneswandel durchlebte

Auf der Insel arbeitete er zunächst ein paar Monate lang auf einer Zuckerrohrplantage. Doch eines Tages wurde er krank und musste mehrere Wochen im Krankenhaus verbringen. Jeden Tag besuchten ihn Hawaiianer, die ihm Obst brachten, für ihn beteten und sich um sein Wohlergehen sorgten. Ihre Freundlichkeit, Liebe und Aufmerksamkeit gingen ihm ans Herz, und er erwiderte sie, indem auch er nun Liebe, Frieden und Wohlwollen ausstrahlte. Der Mann war wie verwandelt.

Ein Muster für ein perfektes Leben

Die Glücksformel des Mannes ist ganz einfach: Liebe triumphiert immer über Hass, das Gute siegt stets über das Böse, denn so ist das Universum beschaffen. Ich möchte noch kurz auf die psychologischen und spirituellen Hintergründe dieser Veränderung eingehen. Das Herz des Mannes war von Bitterkeit, Selbstverachtung und Frauenhass zerfressen. Die Liebe, Freundlichkeit und die Gebete seiner Arbeitskollegen drangen in sein Unterbewusstsein vor, wo sie die negativen Muster tilgten, die sich dort ausgebreitet hatten, und sein Herz mit Liebe und Wohlwollen allen Menschen gegenüber erfüllten. Er entdeckte, dass Liebe ein universell wirksames Lösungsmittel ist. Heute lautet seine beständige Affirmation: »Ich bringe jedem Menschen, dem ich begegne, an jedem Tag meines Lebens Gottes Liebe, Frieden und Freude entgegen.« Je mehr Liebe er gibt, desto mehr empfängt er auch. Zu geben ist wohltuender als zu nehmen.

Die Affirmation für ein wunderbares Leben

Sagen Sie sich jeden Morgen, sobald Sie die Augen aufschlagen, voller Nachdruck und Verständnis:

Dies ist der Tag, den der Herr erschaffen hat; ich erfreue mich daran. Ich bin dankbar dafür, dass mein Leben von der gleichen ewigen Weisheit gesteuert wird, die auch die Planeten auf ihren Umlaufbahnen hält und die Sonne scheinen lässt.

Ich werde den heutigen und jeden Tag auf herrliche Weise verbringen. Ich erfahre Gottes Liebe, Licht, Wahrheit und Schönheit heute und jeden Tag mehr und mehr.

Ich werde allen, auf die ich treffe und mit denen ich zusammenarbeite, eine große Hilfe sein und das zutiefst genießen.

Ich werde meine Arbeit voller Begeisterung angehen und mich freuen, dass ich etwas bewirken kann.

Ich freue mich und danke dafür, dass ich Gottes Liebe, Leben und Wahrheit jeden Tag mehr erleben darf und Gottes Herrlichkeit durch mich zum Ausdruck kommt.

Beginnen Sie jeden Tag damit, diese wunderbaren Wahrheiten auszusprechen und an sie zu glauben. Was Sie voller Glauben erwarten, wird auch eintreten, dann erleben Sie wahre Wunder.

Leben in Frieden und Gelassenheit

An der Farngrotte, die dafür bekannt ist, dass die Bootsleute dort das unvergessliche hawaiianische Hochzeitslied singen, traf ich einen außergewöhnlichen Mann. Er war 96 Jahre alt, hatte einen forschen Gang und sang auf dem Boot, mit dem wir in die berühmte Grotte fuhren, voller Freude wunderschöne Liebeslieder. Nach dem Ausflug lud er mich zu sich nach Hause ein – ein ganz besonderes Erlebnis. Zum Abendessen gab es dicke Scheiben selbst gebackenen Lebkuchen, Papaya, Apfelkuchen, Reis, gegrillten Lachs und Kona-Kaffee, der auf einer der Nachbarinseln wuchs.

Während des Essens erzählte er mir, wie er durch Gott ein neuer Mensch geworden war, und so sah er trotz seines Alters auch aus. Seine rosigen Wangen kündeten von seiner glänzenden Gesundheit, aus seinen Augen leuchteten das Licht und die Liebe, und sein ganzes Gesicht strahlte Freude aus. Er sprach fließend Englisch, Spanisch, Chinesisch, Japanisch und die hawaiianischen Sprachen. Mich überschüttete er förmlich mit einer wahren Flut von lokalen Weisheiten, Bonmots, Witzen und fröhlichen Geschichten.

Ich war vollkommen fasziniert von ihm und fragte ihn schließlich: »Erzähl mir, was das Geheimnis deiner Lebenskraft und Freude ist. Du scheinst vor Begeisterung und Energie nur so überzusprudeln.«

»Warum sollte ich nicht glücklich und stark sein?«, fragte er. »Weißt du, ich besitze die Insel, aber gleichzeitig besitze ich nichts.« Dann fügte er hinzu: »Alles gehört Gott, doch ich darf die ganze Insel und alles, was sich darauf befindet – die Berge, die Flüsse, die Höhlen, die Menschen und den Regenbogen –, genießen. Weißt du, wie ich an dieses Haus gekommen bin?« Diese Frage beantwortete er sich gleich selbst: »Ein dankbarer Tourist hat es für mich gekauft und mir geschenkt, ansonsten würde ich nicht hier wohnen.«

Er erzählte mir, dass er vor 60 Jahren fast an Tuberkulose gestorben sei und als hoffnungsloser Fall gegolten habe, bis ihn der Kahuna (ein einheimischer Priester) besuchte und ihm und seiner Mutter mitteilte, dass er überleben werde, dass Gott ihn heilen werde. Der Kahuna sang Gebete, legte dem Mann die Hände auf den Hals und die Brust und rief in seiner Muttersprache die Heilkraft Gottes an. Nachdem er das etwa eine Stunde lang gemacht hatte, erklärte er seinem Patienten, er sei jetzt vollständig geheilt. Schon am nächsten Tag konnte der Mann fischen gehen. »Seitdem habe ich keinerlei Schmerzen oder Beschwerden mehr gehabt. Ich habe wunderbare Beine. Ich bin schon über all die Berge dort gewandert. Außerdem habe ich nette, liebevolle Freunde, ein paar Hunde und Ziegen und diese herrliche Insel. Und ich habe Gott im Herzen. Wie sollte ich nicht glücklich und stark sein?«

Dieser Mann ist in seinen Worten und auf seinen Wegen wirklich von Gott erfüllt, und mit Gott im Herzen ist er immer glücklich. Er bewirtschaftet sein Land, kümmert sich um seine Ziegen und Schafe, besucht die Kranken, geht zu allen Festen und singt hawaiianische Liebeslieder, die die Seele berühren.

Sein Lied für Gesundheit und Lebenskraft

Die einzige Anweisung, die ihm der Kahuna gab, lautete: »Sing den 100. Psalm. Lebe morgens, mittags und abends mit diesen Wahrheiten in deinem Herzen, und du wirst nie wieder krank sein.« Diesen Psalm sang er mir auch vor, und ich habe noch nie im Leben etwas so Ergreifendes, Rührendes, Wunderbares und die Seele Bewegendes gehört. Es war, als erklänge tief in meinem Körperinneren die Melodie Gottes.

Dieser lobpreisende Psalm lautet:

Jauchzt vor dem Herrn, alle Länder der Erde! Dient dem Herrn mit Freude! Kommt vor sein Antlitz mit Jubel!

Erkennt: Der Herr allein ist Gott. Er hat uns geschaffen, wir sind sein Eigentum, sein Volk und die Herde seiner Weide.

Tretet mit Dank durch seine Tore ein! Kommt mit Lobgesang in die Vorhöfe seines Tempels! Dankt ihm, preist seinen Namen!

Denn der Herr ist gütig, ewig währt seine Huld, von Geschlecht zu Geschlecht seine Treue. (Psalm 100, 1–5)

Heilung durch Glauben und Empfänglichkeit

Da Sie die Wirkungsweise des Geistes mittlerweile kennen, haben Sie sicher schnell erkannt, was der Kahuna-Priester in dem Mann bewirkt hatte. Der Kranke hatte voll und ganz auf die Fähigkeiten des Mannes vertraut und vorbehaltlos an seine eigene Heilung geglaubt.

Dementsprechend hatte sein Unterbewusstsein reagiert. Heute, da er täglich den 100. Psalm singt, sind sein Geist und sein Herz von Dankbarkeit Gott gegenüber erfüllt, und das Gesetz des Geistes sorgt dafür, dass der Mann automatisch zahllose Wohltaten erfährt.

Das Gesetz der Dankbarkeit

Ein dankbares Herz ist Gott immer nahe, und da sich dieser Mann täglich für seine Gesundheit, seine Sicherheit und die vorhandene Fülle bedankt, lässt Gott ihm diese Gaben im Überfluss zukommen. Das ergibt sich aus dem Gesetz von Aktion und Reaktion, das universell gilt. In der Bibel steht: *Sucht die Nähe Gottes; dann wird er sich euch nähern.* (Jakobus 4,8) Henry Thoreau schrieb: »Wir sollten dankbar dafür sein, dass wir geboren wurden.« Üben Sie sich darin, die Wahrheiten des 100. Psalms zu singen und zu leben. Schreiben Sie sie sich ins Herz ein, indem Sie sie langsam, nachdrücklich und voller Liebe rezitieren. Durch die Wiederholung gehen die Ideen in die tieferen Strukturen Ihres Geistes ein und werden dort wie Samen die entsprechenden Früchte hervorbringen. Lassen Sie Wunder in Ihrem Leben geschehen.

Wie eine alte Frau sich Schwung und Antrieb erhält

Ich unterhielt mich mit einer Großmutter, neben der ich saß, als ich eine Bootsfahrt in den berühmten Waimea-Canyon unternahm, den der Waimea-Fluss rund 900 Meter tief in den Fels geprägt hat. Die Frau war mit ihren beiden Enkelinnen unterwegs und wies sie auf das traumhafte Farbspektrum der Gesteinsschichten und die tropischen Gewächse zu beiden Seiten der Schlucht hin. Ich kann noch hinzufügen, dass gerade die Schatten der ständig die Form wechselnden Wolken den Anblick unvergesslich machten. Diese wunderschöne spirituelle Frau erzählte mir, dass sie über 90 Jahre alt und noch nie auch nur einen Tag lang krank gewesen sei. Der Grund dafür sei: »Ich bete mich heil.« Diese Hawaiianerin unterrichtete in der Sonntagsschule, schrieb Gedichte, ruderte, fischte, molk jeden Tag ihre zwei Kühe, hielt Vorträge vor Frauengruppen und plante gerade eine Europareise für eine 20-köpfige Reisegruppe.

Sie zeigte mir eine Karte mit einem Zitat von Alfred Lord Tennyson darauf: »O, ich seh's, noch ging nicht unter, was mein Ahnden mir versprochen; alte Quellen der Begeist'rung fühl ich frisch mein Herz durchpochen.« Auf der Rückseite war ein Bibelvers zu lesen: *Auf, ihr Durstigen, kommt alle zum Wasser! Auch wer kein Geld hat, soll kommen. Kauft Getreide und esst, kommt und kauft ohne Geld, kauft Wein und Milch ohne Bezahlung!* (Jesaja 55,1)

In der Bibel steht der Wein für die Inspiration von ganz oben, wenn der Heilige Geist das gesamte Wesen durchströmt und es so mit Energie und Lebenskraft versorgt. Milch ist ein Symbol für Nahrung. Sowohl Ihr Körper als auch Ihr Geist brauchen Nahrung. Füttern Sie Ihren Geist mit Ideen, die Ihre Seele heilen, pflegen und beflügeln. Verabreichen Sie ihm jeden Tag Gedanken der Liebe, des Friedens, des Glaubens, der Zuversicht, des Erfolgs und des göttlichen Handelns. Der Preis, den Sie dafür bezahlen, sind Aufmerksamkeit, Hingabe und Treue den ewigen Wahrheiten gegenüber.

Ihr Schlüssel zu einem glücklichen Leben

Für die Frau bestand der Schlüssel zu einem beschwingten und inspirierten Leben darin, diese beiden Zitate in ihrem Herzen zu tragen, bis sie zu einem Teil ihrer selbst wurden. Sie glaubte an die Worte und lebte in freudiger Erwartung dessen, was sie sagte. Sie strahlte Freude, Kraft und Wohlwollen aus. Wie sie festgestellt hatte, war die tägliche Verbindung mit Gott in ihrem Inneren die Antwort auf die kosmische Kraft, die ein perfektes Leben erwirken kann.

Ein großes Fest der Spiritualität

Auf der bezaubernden und exotischen Insel Maui besuchte ich eine berühmte Frau. In ihrem Haus hatte sich eine Gruppe herausragender Persönlichkeiten versammelt, und wir diskutierten von zehn Uhr morgens bis vier Uhr nachmittags über geistige und spirituelle Prinzipien. Ihre Gäste kannten meine Bücher *Die Macht Ihres Unterbewusstseins* und *Das Wunder Ihres Geistes*. Ich habe noch nie im Leben eine begeistertere, glücklichere, fröhlichere Gruppe getroffen. In ihren Herzen brannte ein göttliches Feuer. Sie sprachen darüber, wie sie ihre Probleme durch den Glauben an eine Macht überwunden hatten, die größer war als sie selbst oder ihre Egos. Sie trafen sich eigens, um über meine Bücher zu reden und Aufnahmen von mir zu hören. Sie stellten Fragen, die mich erfreuten und ein gewaltiges Interesse und ein tief greifendes Verständnis der göttlichen Dinge bewiesen. Sie hatten entdeckt, dass Lebensfreude aus der regelmäßigen und systematischen Betrachtung der Wahrheiten Gottes entspringt.

Hawaiianische Weisheit und innere Freude

Ich konnte feststellen, dass die Hawaiianer sehr weise Menschen sind, die über die Jahrhunderte einen gewaltigen Fundus an esoterischem und ungeschriebenem Wissen zusammengetragen haben. Ein Mann, der im Flugzeug von Kauai zu seiner Heimatinsel Maui neben mir saß, kannte sich mit Wetterbedingungen, Strömungen und Gezeiten aus. Er konnte Flutwellen, Stürme und Vulkanausbrüche voraussagen, wusste die Namen aller Früchte, Blumen und Bäume der Inseln und verstand sich auf die Heilkraft der Kräuter.

Außerdem war er in der Lage, Gedanken zu lesen, und ist definitiv hellsichtig. Er konnte mir sagen, wohin ich unterwegs war, wie ich hieß und wo ich wohnte, und wusste viele Details aus meiner Vergangenheit. Um seine Hellsichtigkeit zu testen, bat ich ihn, einen Brief zu lesen, der sich in meiner Tasche befand und dessen Inhalt zu dem Zeitpunkt nicht einmal ich selbst kannte, da ich ihn bis zu diesem Augenblick vergessen hatte. Der Mann gab korrekt wieder, was darin stand, wie ich feststellte, als ich ihn dann selbst las.

Dieser junge Mann verfügte über eine angeborene Weisheit. Er stand mit dem Unterbewusstsein in Verbindung, das die Antworten auf alle Fragen kennt. »Immer wenn ich etwas wissen möchte«, erklärte er, »sage ich einfach: ›Gott, du weißt es. Sag es mir.‹ Dann erhalte ich die Antwort, weil ich einen Freund in mir trage.« Dieser Mann arbeitete auf einer Zuckerrohrplantage, spielte Ukulele, sang bei der Arbeit und war offensichtlich auf einer Wellenlänge mit dem Unendlichen. Es stimmte, er trug wirklich einen Freund in sich und hatte die Freuden der Gottesgegenwart erkannt. Sie machte seine Stärke aus.

Während meines Aufenthalts auf der Inselkette nahm ich mir einen Tag lang Zeit, um Gespräche mit Menschen zu führen, die mich im Hotel in Kauai aufsuchten. Als Erstes kam ein Mann, den ich ein paar Jahre zuvor bereits im Royal Hawaiian Hotel in Honolulu beraten hatte. Zu der Zeit war er Alkoholiker und hatte schon einen Entzug, Hypnose und andere Therapieformen ausprobiert. Nun sagte er: »Ich bin gekommen, um Ihnen zu danken, und will Ihre Zeit gar nicht lange in Anspruch nehmen. Sie haben mir erklärt, dass ich die Herrschaft über das Trinken hätte, es hingegen keine Macht über mich besäße. Sie haben mich aufgefordert, keine Vorwände und Ausreden mehr zu finden und mich wie ein echter Mann zu verhalten. Ich habe die Methode angewandt, die Sie mir gezeigt haben. Ich habe mir selbst und anderen vergeben und besitze heute ein eigenes Geschäft, bin verheiratet, engagiere mich in der örtlichen Kirchengemeinde und habe zwei wunderbare Kinder. Ich bin nur hier, um mich zu bedanken, sonst nichts.«

Ich erinnerte mich noch gut an ihn und an unser Gespräch in Honolulu. Damals war er gerade erst aus der Entzugsklinik entlassen worden. Hier ist die sieben Schritte umfassende Affirmation, die ich ihm nahelegte und die sein Leben veränderte:

1. *Ich vergebe mir ehrlich und aufrichtig dafür, anderen gegenüber Groll, Zorn oder Feindseligkeit zu empfinden. Wenn ich an andere denke, werde ich ihnen von nun an alles Gute wünschen.*
2. *Ich bin der Meister über meine Gedanken, Worte, Taten, Gefühle und Reaktionen. Ich bin der absolute Herrscher über das Reich meines Geistes.*
3. *Ich wünsche mir, mich vollständig von der Sucht zu befreien. Das ist mein aufrichtiger Wille. Ich weiß, wenn mein Wunsch, sie loszuwerden, stärker ist als mein Wille, weiter zu trinken, bin ich schon zu 60 Prozent geheilt.*
4. *Ich habe meine Entscheidung getroffen und weiß, dass meine Zukunft gemäß dieser Entscheidung gestaltet sein wird. Mein Unterbewusstsein weiß, dass ich es ernst meine.*
5. *Ich setze meine Vorstellungskraft nun richtig ein. Ich weiß, dass sie die Ureigenschaft des Menschen und meine größte Fähigkeit ist. Ich werde dreimal täglich drei oder vier Minuten lang einen Film in meinem Kopf ablaufen lassen, in dem ich sehe, wie meine Mutter mir zu meiner perfekten Gesundheit und meiner Freiheit gratuliert. Ich höre ihre Stimme und spüre ihre Umarmung, es ist alles eine große Freude. Immer wenn ich in Versuchung gerate, schalte ich automatisch diesen mentalen Film in meinem Kopf ein. Ich weiß, dass hinter ihm die Macht Gottes steht.*

6. *Ich weiß, was ich tue und warum ich es tue. Ich weiß, dass mir stets das widerfährt, woran ich glaube. Ich weiß, dass Glauben heißt, etwas als wahr zu akzeptieren. Ich weiß, dass mein Wille wahr, mein mentaler Film real und die Kraft, die mich stützt, Gottes Kraft ist. Ich weiß, dass sich alle Kraft Gottes auf den Punkt versammelt, auf den ich meine Aufmerksamkeit richte.*
7. *Ich bin jetzt frei und bedanke mich.*

Diese siebenschrittige Wunderformel habe ich schon vielen Alkoholikern und anderen Suchtkranken an die Hand gegeben. Mithilfe dieser einfachen Regeln kann man jede negative Angewohnheit ablegen. Der betroffene Mann ist heute glücklich, fröhlich und sprudelt über vor Lebensfreude. Er lud mich zum Essen in sein Haus ein, wo das leise Aneinanderschlagen der Kokosnüsse an den Palmen im Wind zu hören war, die Wellen des Meeres ganz in der Nähe schäumend an den Strand brandeten und wir auf allen Seiten von leuchtend bunte Tropenblumen umgeben waren. Die eiskalten Papaya- und Zitronenstücke schmeckten wie der Nektar Gottes. Das traditionelle Gericht Poi war köstlich mit Muskatnuss und Zimt gewürzt. Die ganze Atmosphäre im Haus war von Schönheit, Gelassenheit und Lebensfreude geprägt. Der Mann und seine Familie sprachen vor und nach dem Essen ein Dankgebet, und die ganze Zeit über erklangen hawaiianische Liebeslieder und Musik. Ich hatte wirklich einen Ort betreten, an dem die unendliche Macht für ein perfektes Leben gesorgt hatte.

Wie man Lebensfreude erlangt

Schon vor meinem Besuch stand ich mit einer jungen Frau von der Insel im Austausch, die an dieser Stelle Mary heißen soll. Sie hatte das Buch *Die Macht Ihres Unterbewusstseins* gelesen, das ich ihr einige Monate zuvor geschickt hatte. In ihrem ersten Brief, der mich noch in meinem Heimatort Beverly Hills erreichte, schrieb sie, sie sei von einer unnormalen Angst erfüllt und deswegen ganz blockiert.

Sie hatte ihre Verlobung mit einem jungen Mann gelöst, und er hatte sich dafür gerächt, indem er sie von einem Kahuna verfluchen ließ. Nun lebte sie in ständiger Angst. Ich erklärte ihr per Brief, dass es nur eine Macht gäbe, und diese Macht würde sich in Form von Einheit und Harmonie durch die Welt bewegen. Gott ist Geist, eins und unteilbar, und ein Teil des Geistes kann sich nicht einem anderen Teil seiner selbst gegenüber als Gegner aufspielen. Also hätte sie nichts zu befürchten. Darüber hinaus übermittelte ich ihr eine spirituelle Technik, die jegliche Angst vertreiben sollte.

Als ich nun mit ihr sprach, fand ich eine strahlende Persönlichkeit vor, eine junge Frau, die vor Leben sprühte, der man ihre Begeisterung und ihre Freude anmerkte und die vor lauter neuen Ideen für die Insel übersprudelte. Sie sagte: »Ich habe Ihre Anweisungen genau befolgt und bin von einem inneren Licht verwandelt worden.«

Dies ist die spirituelle Affirmation, die sie auf meinen Rat hin mehrmals täglich rezitierte:
Gott ist alles, was ist. Wer mit Gott eins ist, ist in der Überzahl. Ist Gott für uns, wer ist dann gegen uns? (Römerbrief 8,31) *Ich weiß und glaube, dass Gott der allmächtige lebendige Geist ist – der Ewige, der Allwissende – und dass es keine Macht gibt, die Gott herausfordern kann. Ich weiß und akzeptiere voll und ganz, dass Gottes Macht meine guten Gedanken prägt, da meine Gedanken Gottes Gedanken sind. Ich weiß, dass ich nicht empfangen kann, was ich nicht gebe, daher strahle ich Gedanken der Liebe, des Friedens, des Lichts und des Wohlwollens meinem Exfreund und all denen gegenüber aus, die mit ihm zu tun haben. Ich bin immunisiert und von Gott berauscht, der heilige Kreis der Liebe Gottes umschließt mich zu jeder Zeit. Gottes Rüstung umgibt und umhüllt mich. Ich werde von Gott zur Lebensfreude geführt. Vor deinem Angesicht herrscht Freude in Fülle, zu deiner Rechten Wonne für alle Zeit.* (Psalm 16,11)

Diese Wahrheiten wiederholte sie regelmäßig und systematisch zehn Minuten lang, morgens, nachmittags und abends, in dem Wissen und dem Glauben, dass diese Überzeugungen durch eine Form der inneren Osmose langsam in ihr Unterbewusstsein vordringen würden und ihr Freiheit, inneren Frieden, ein Gefühl der Sicherheit, des Vertrauens und des Schutzes verschaffen würden. Sie wusste, dass sie ein Gesetz des Geistes anwendete, das nie fehlschlägt. Nach zehn Tagen war die Angst verschwunden. Mittlerweile hatte sie einen tollen Job hier auf der Insel. Sie stellte mich ihrem neuen Verlobten vor, der sagte: »Sie ist das größte Glück meines Lebens.« Die junge Frau, die vor lauter Furcht vor einem angeblichen Fluch wie versteinert war, ist nun ein offener Mensch, freigebig mit ihren Fähigkeiten und voller Lebensfreude.

Die Bedeutung der Bezeichnung »Kahuna«

Die meisten Hawaiianer hier und auf anderen Inseln behaupten, dass es keine Kahunas mehr gäbe, und sind häufig unwillig, über sie zu sprechen. Doch es gibt die »weißen Kahunas«, also Männer, die weiße Magie praktizieren und durch Anrufungen und esoterische Kenntnisse gutartige Zaubersprüche wirken. Einer meiner Fremdenführer hier auf Hawaii erklärte mir, dass diese Kahunas von Kindesbeinen an von den älteren ausgebildet werden und sich dabei einer strengen Disziplin und Geheimhaltung unterwerfen müssen. Viele von ihnen sind hoch angesehen wegen ihrer Heilkräfte, die auf das zurückgehen, was wir heute Kenntnisse des Unterbewusstseins nennen. Außerdem verstehen sie sich auf die Wirkung bestimmter Kräuter und Pflanzen. Der Guide, der eher bereit war als andere, das Thema zu besprechen, wies mich darauf hin, dass manche Kahunas als *Kahuna anaanas* gefürchtet sind (das heißt, sie wenden schwarze Magie an).

Die oben erwähnte Frau erkannte, dass die Drohungen, negativen Einflüsterungen und Behauptungen anderer absolut keine Chance haben, wahr zu werden, da jeder Mensch selbst über seine Welt bestimmt. In Ihrer Welt denken nur Sie. Es sind Ihre Gedanken, die über kreative Macht verfügen. Wer Gutes denkt, erlebt Gutes; wer Schlechtes denkt, erlebt Schlechtes. Verbinden Sie sich mit Gott. Wenn Ihre Gedanken Gottes Gedanken sind, sind Sie von Gottes Macht erfüllt. Denken Sie daran: »Wer mit Gott eins ist, ist in der Überzahl«, und: *Ist Gott für uns, wer ist dann gegen uns?* (Römerbrief 8,31)

Kapitel 11

Lassen Sie die unendliche Macht für sich wirken

Zu den Schlüsselerkenntnissen im Leben zählt, dass alles paarweise auftritt. Jede Handlung ist ein Zusammenspiel aus Gegensätzen. Eine Kombination aus männlicher und weiblicher Lebenskraft hat das Universum erschaffen. Emerson sagte einst: »Polarität oder Aktion und Reaktion finden wir in jedem Teile der Natur. [...]«[3] Es gibt Materie und Geist, männlich und weiblich, positiv und negativ, Gesundheit und Krankheit, Liebe und Hass, Tag und Nacht, Hitze und Kälte, drinnen und draußen, süß und sauer, oben und unten, Norden und Süden, subjektiv und objektiv, Bewegung und Stillstand, Ja und Nein, Erfolg und Misserfolg, Glück und Traurigkeit und so weiter Geist und Materie sind nur zwei Seiten einer Realität. Materie ist Geist, der so weit reduziert ist, dass er sichtbar wird. Sie ist die niedrigste Erscheinungsform des Geistes, der Geist hingegen die höchste Erscheinungsform der Materie. Die Gegensätze des Lebens sind Manifestationen des *einen* Wesens und für unser Leben unerlässlich.

Im absoluten Zustand gibt es keine Unterschiede, Kontraste oder feststehenden Verhältnisse. Darin ist noch alles eins. Erst wenn das Absolute relativ wird (das heißt, als Gott das Universum schuf), werden die Gegensätze erzeugt, die wir brauchen, damit wir Sinneseindrücke und Erfahrungen erlangen können und uns dadurch lebendig fühlen. Wir müssen fühlen und empfinden können, um uns bewusst zu sein, dass wir am Leben sind. Wir spüren den Unterschied zwischen heiß und kalt, hoch und tief, lang und breit, süß und sauer, niedergeschlagen und euphorisch, männlich und weiblich, subjektiv und objektiv. All diese Gegensätze sind Hälften des *einen* Wesens, das ganz, perfekt und unteilbar ist.

Gedanken treten paarweise auf

Ein zwölfjähriger Junge, der morgens meine Sendung im Radio hörte, erklärte seiner Mutter, er werde in den Schulferien seinen Onkel in Australien besuchen. Er war sich dessen sehr sicher, spürte aber auch: »Mutter wird mich nicht ohne Weiteres gehen lassen.« Sie meinte nämlich nur: »Unmöglich. Wir haben kein Geld dafür, dein Vater kann es sich nicht leisten. Du träumst.«

Doch der Sohn sagte, er habe in meiner Sendung gehört, wenn man sich etwas wünsche und fest daran glaube, dass die kreative Intelligenz es herbeiführen würde, ginge das Gebet in Erfüllung. Daraufhin sagte die Mutter nur: »Gut, dann bete.« Der Junge hatte bereits viel über Australien und Neuseeland gelesen, und sein Onkel besaß dort einen großen Hof.

Also betete er Folgendes: »Gott zeigt Vater, Mutter und mir einen Weg auf, in den Ferien nach Australien zu reisen. Ich glaube daran und übergebe den Wunsch nun an Gott.« Sobald der Gedanke auftauchte, dass seine Eltern nicht das nötige Geld hatten, wiederholte er fest: »Gott zeigt uns einen Weg auf.« Seine Gedanken traten in Paaren auf, doch er konzentrierte sich ganz auf die konstruktive Seite, und so verdorrte der negative Teil.

Eine Astralreise

Eines Nachts hatte der Junge einen Traum, in dem er sich auf der Farm seines Onkels in New South Wales befand, Tausende Schafe sah und seinen Onkel und seine Cousins traf. Als er am nächsten Morgen aufwachte, beschrieb er seiner staunenden Mutter die Szene. Noch am gleichen Tag traf ein Telegramm des Onkels ein – er lud die drei zu sich ein und bot an, die Kosten für die Hin- und Rückreise zu tragen. Sie sagten zu.

Das intensive Verlangen des Jungen, seinen Onkel zu besuchen, wirkte auf sein Unterbewusstsein wie ein Befehl, während er schlief. Also verließ er seinen Körper und unternahm eine Astralreise zum Hof. Er erzählte mir, dass das, was er bei seiner Ankunft mit seinen Eltern später sah, genau dem entsprach, was er in der Astralprojektion im Schlaf erblickt hatte. Sein Wunsch wurde also erfüllt.

Wie die Angst vor einer zweiten Ehe ausgeräumt wird

Eine junge Frau sagte zu mir: »Ich würde so gern heiraten, doch ich habe Angst, den falschen Mann kennenzulernen und die Fehler meiner ersten Ehe zu wiederholen.« Diese Angst stand also ihrem Herzenswunsch entgegen und schien die dominante Kraft zu sein. Ich erklärte ihr, dass alles paarweise auftritt. Wenn man beispielsweise an Gesundheit denkt, taucht der Gedanke an Krankheit gleich mit auf; wenn man an Reichtum denkt, ist auch der Gedanke an Armut präsent; wenn wir von einem gutherzigen Menschen reden, denken wir auch an einen bösartigen und so weiter.

Ich erklärte ihr, dass sie den negativen Gedanken am besten überwand, indem sie der Angst keinerlei Aufmerksamkeit schenkte und ihren Geist über die Gegensätze erhob – sie solle sich ausmalen, wie sie überglücklich den richtigen Mann heiratete.

Die angewandte Technik

Dafür schlug ich ihr die folgende Affirmation vor:

Ich weiß, dass es eine allmächtige Kraft gibt, die keine Gegensätze kennt. Sie kann nicht bekämpft, herausgefordert oder beeinträchtigt werden. Diese Kraft ist unverletzlich und unbesiegbar, und ich erkläre hiermit, dass ich den richtigen Mann anziehen werde, der spirituell, geistig und körperlich zu mir passt. Dieser Vorstellung widme ich von nun an meine gesamte Aufmerksamkeit und vertraue auf das Gesetz des Unterbewusstseins, um es herbeizuführen.

Wenn die Angst sich wieder in ihrem Kopf breitmachte, sagte sie: »Gott nimmt sich meiner Bitte an.« Nach ein paar Tagen verlor die Angst jede Macht über sie und verschwand. Die Frau stärkte ihre Traumvorstellung, indem sie sie mit Glauben und Zuversicht fütterte und nährte.

Wie sie ihren zukünftigen Mann in seiner Gestalt aus der vierten Dimension (seinem Astralkörper) traf

Immer wenn Sie abends einschlafen, treten Sie in die nächste Dimension ein, die *vierte Dimension*, die mit unserer Welt überlappt. Kurz nachdem die Frau mit der Affirmationsmethode begonnen hatte, hatte sie einen lebhaften Traum, in dem ich in meinem Haus ihre Trauung vollzog. Sie sah ihren zukünftigen Mann und hörte, wie ich seinen Namen sagte und ihn aufforderte, das Ehegelübde nachzusprechen. Alles wirkte sehr real und lebensecht. Sie hatte das Gefühl, wirklich in meinem Haus zu stehen und die Buddhastatue und die Bilder an den Wänden zu berühren.

Am nächsten Morgen wachte sie voller Freude und Glück auf und rief mich an, um mir zu erzählen, was ihr im Schlaf widerfahren war. Sie beschrieb das Zimmer, in dem die Zeremonie stattgefunden hatte, bis ins kleinste Detail. Ich erklärte ihr, dass sie im Schlaf in mein Haus gekommen sei, in ihrem Astralkörper, dem Körper der vierten Dimension, der mit feinen, aber stark vibrierenden Teilchen aufgeladen ist und Wände durchdringen kann. Die Hochzeit habe in der nächsten Dimension des Geistes zweifellos schon stattgefunden und die Tatsache, dass die Frau so fest davon überzeugt war, werde sie auch in der Realität herbeiführen.

Die Erfüllung des Traums

Die junge Frau, die als Sekretärin für ein großes Unternehmen arbeitete, wurde von der Frau eines der Chefs zu sich nach Hause eingeladen. Die Gastgeberin stellte sie ihrem Sohn vor, der genau der Mann war, den sie in ihrem Traum erblickt hatte! Er sagte zu ihr: »Ich habe Sie schon einmal gesehen.« Dann berichtete er ihr von einem Traum, in dem ein fremder Priester die beiden in einem ihm unbekannten Privathaus getraut hatte. Die beiden hatten das Gleiche geträumt, und kurz darauf verheiratete ich sie wirklich miteinander, in einer Zeremonie, die in jedem Detail mit ihrer Erfahrung in der vierten Dimension übereinstimmte.

Meine Erklärung für das Geschehene lautet, dass die junge Frau, die ständig an die Art Mann gedacht hatte, den sie heiraten wollte, diese Vorstellung an ihr Unterbewusstsein übermittelt hatte. Es hatte die Szene zunächst in eine Erfahrung in der vierten Dimension überführt, da alles, was real geschehen soll, erst im Kopf ablaufen muss. Die unendliche Intelligenz in ihrem Unterbewusstsein führte die beiden in der vierten Dimension und dann auch in der Realität zusammen.

Warum Sie selbst entscheiden, was Ihnen widerfährt

Alle Gedanken, Vorstellungen und Ansichten, die Sie gewohnheitsmäßig haben, erzeugen gewisse Emotionen in Ihnen, die das Unterbewusstsein prägen. Diese Muster wiederholen Sie ganz automatisch, wie eine Art Roboter. Das Gesetz des Geistes besagt, dass alles, was Sie an Ihr Unterbewusstsein übermitteln, auch als Erfahrung, Umstand oder Ereignis in Ihrem Leben herbeigeführt wird. Ihre Gedanken (gute sowie schlechte) sind der Stift, mit dem Sie ständig Dinge in die tieferen Strukturen Ihres Geistes (das »Buch des Lebens«) einschreiben. So schaffen Sie sich Ihre eigenen Regeln, Gesetze und Vorgaben. Wenn Sie das wissen, beschränken Sie sich auf Gedanken des Erfolgs, des Glücks, des Friedens, der Harmonie, der Fülle, des rechten Handelns und der Sicherheit und verschaffen sich so ein erfülltes und glückliches Leben.

Wie ein Vertriebler seinen »Verkaufsfluch« loswurde

Ein Vertriebler beklagte sich bei mir, dass er schon seit vier Tagen nichts mehr verkauft habe. Er war sich sicher, dass sich die Umstände gegen ihn verschworen hatten, denn jedes Mal, wenn er einen Kunden anrief, hieß es »Ich brauche gerade nichts« oder »Heute habe ich keine Zeit«.

Langsam wuchsen sein Ärger und sein Frust, er sagte zu sich selbst: »Mir ist das Geschick abhandengekommen, mir gelingt nichts mehr, ich bin ein Versager.« Diese Aussagen setzten sich in Verbindung mit einem Gefühl der Angst in seinem Unterbewusstsein fest. Da dieses nicht auf die Person sieht, reagierte es automatisch auf eine Weise, die die inneren Ängste und Ansichten des Mannes bestätigte. Mit anderen Worten: Der Verkäufer beschwor eine mechanische Reaktion seines Unterbewusstseins herauf, die zu Misserfolg und Resignation, kombiniert mit Selbstzweifeln und Selbstverachtung, führte.

Wie er die Krise überwand

Mein Rat an ihn lautete, dass der erste Schritt auf dem Weg zu erneutem Erfolg und Glück darin bestände, jegliche Selbstkasteiung zu unterlassen, sich der göttlichen Gegenwart in seinem Inneren bewusst zu werden und sich für göttliche Anleitung, rechtes Handeln, Harmonie und Fülle zu entscheiden. Ich erklärte dem Mann, dass er über die Fähigkeit verfüge, sich Erfolg und gute Leistungen vorzustellen, wodurch er die tieferen Strukturen des Unterbewusstseins zu einer entsprechenden Reaktion bewegen könne. Er verstand nun, dass seine Gedanken und die Bilder, mit denen er seinen Geist fütterte, seine Umstände, Erfahrungen und Erlebnisse verändern konnten.

Schließlich überwand er seine Krise anhand dieser Affirmation:

Von diesem Augenblick an erwarte ich nur das Beste, und ich weiß, dass mir unweigerlich nur das Beste widerfahren wird. Ich weiß, dass mir in vielfacher Weise Gutes geschehen wird. Immer wenn ich dazu neige, mich zu verurteilen oder herabzuwürdigen, sage ich sofort: »Ich preise Gott in mir. Er leitet und behütet mich auf all meinen Wegen.« Ich weiß, dass ich ein Geschöpf Gottes bin und dass Gott in mir wohnt und immer für mein Wohl sorgt. Ich bestimme hiermit, dass mir Erfolg, Fülle und das Erreichen meiner Ziele beschieden sein werden. Gottes Liebe geht mir stets voraus, und es wird mir besser ergehen, als ich mir je erträumt hätte.

Indem der Mann regelmäßig diese Wahrheiten aussprach, programmierte er sein Denken um. Schon bald hatte er in die Erfolgsspur zurückgefunden und konnte seine Verkäufe und Einnahmen sogar noch steigern.

Der traurige Fall eines ängstlichen Medizinstudenten

Hier ist ein Auszug aus einem Brief, den ich von einem Medizinstudenten erhalten habe: »Ich stehe kurz davor, das Handtuch zu werfen. Ich hasse einen meiner Professoren. Ich habe große Angst, dass er mich durchfallen lässt und ich zu einer Schande für meine Eltern werde. Ich verachte mich. Ich fühle mich ganz krank und kann mich auf nichts mehr konzentrieren. Ich befürchte, dass ich vor dem Professor die Beherrschung verliere und dass dann alles vorbei ist. Ich bin vor lauter Angst ganz außer mir.«

Ich bat ihn, zu mir zu kommen, da ein persönliches Gespräch immer mehr bringt als ein langer Vortrag in Briefform. Bei diesem Treffen stellte ich fest, dass der junge Student selbst der Meinung war, er müsse versagen. Seine Angst zeigte mir, dass er unterbewusst glaubte, er verdiene Bestrafung und der Professor solle ihn durchfallen lassen, weil er einfach nichts tauge. Er gab zu, dass das stimmte. Er projizierte seine Angst und seine Selbstverachtung auf den Professor, seine Eltern und sogar auf die Universität, während er gleichzeitig tief in seinem Inneren zu sich selbst sagte: »Ich muss scheitern.«

Der Auslöser seiner Frustration

Warum wollte dieser junge Mann Arzt werden und gleichzeitig tief in seinem Inneren durch die Prüfung fallen? Er war mit einem tyrannischen und despotischen Vater aufgewachsen. Seine Eltern hatten sich immerzu gestritten. Sein Vater stellte viel zu hohe Ansprüche an die schulischen und andere Leistungen seines Sohnes, und der Junge, der ihnen nicht genügen konnte, empfand sich als unfähig und als Versager. Schon als Kind verachtete er sich und fühlte sich zurückgewiesen. Sein Leben war von Selbstmitleid und Selbstbestrafung geprägt gewesen, und als Erwachsener griff er dieses Muster aus Ablehnung und Selbstkasteiung immer wieder auf. Wenn ein Dozent seine Leistung kritisierte, riss das die alten Wunden und Traumata der Jugend wieder auf, und er hatte das Gefühl, er tauge nichts und müsse bestraft werden. Deshalb stand er nun kurz davor, vier Jahre Medizinstudium einfach wegzuschenken.

Als er das einsah und erkannte, dass wir oft unsere Ängste, unsere Feindseligkeit und unsere Selbstverachtung nach außen – gegen andere Menschen, unsere Umwelt oder unsichtbare Kräfte – richten, wurde ihm plötzlich klar, was die Aussagen »Ich tauge nichts, ich bin ein Versager, ich muss bestraft werden, ich bin ein Nichtsnutz, ich sollte mich aus dem Fenster stürzen« bei ihm angerichtet hatten. All diese negativen Überzeugungen hatten wie Befehle auf sein Unterbewusstsein gewirkt, das entsprechend reagiert hatte. Wenn er sagte, er tauge nichts, sorgte das Unterbewusstsein dafür, dass er schlechte Noten, Probleme mit anderen Menschen, im Studium und mit der Welt im Allgemeinen bekam. Außerdem zog er Unfälle, Verluste und Misserfolge in jeder Hinsicht an.

Das befreiende Heilmittel

Durch seine medizinische Ausbildung war er in der Lage, die Ursache seines Leidens rasch zu diagnostizieren, und wirkte ihr von da an entschieden mit dieser Affirmation entgegen:

Die Gegenwart Gottes ist meine wahre Natur. Sie ist ein reiner Segen, pure Harmonie und Freude, unteilbar, perfekt, allumfassend, zeitlos, alterslos und allmächtig. Dies ist mein wahres Ich, das immer besteht, gestern, heute und für alle Zeiten. Es ist das Prinzip des Lebens in mir – die größte und höchste Macht, der Schöpfer alles Sichtbaren und Unsichtbaren.

Das andere Ich – meine Persönlichkeit – basiert auf meinen frühen Erfahrungen, den Lehren und der Prägung, die ich erfahren habe, etwa durch die Ansichten und Überzeugungen meiner Eltern, Verwandten, Lehrer und anderer, die mir Ängste, Aberglauben und ähnliche Irrlehren eingeimpft haben, als ich zu jung war, diese zurückzuweisen. Diese Persönlichkeit kann ich verändern. Das tue ich von jetzt an, ich versorge mein Unterbewusstsein mit Lebens spendenden Denk- und Bildmustern, indem ich feststelle:

Gottes Liebe erfüllt mein Unterbewusstsein und vernichtet alle negativen Angstmuster. Gottes Fluss des Friedens durchströmt meinen Geist. Ich glaube an und vertraue auf Gottes Güte und ich weiß, dass er mich auf all meinen Wegen leitet und mein Handeln steuert. Ich strahle Liebe und Wohlwollen meinen Professoren und allen anderen in meiner Umgebung gegenüber aus. Ich richte mich ganz auf den unendlichen Ozean der Liebe, Kraft und Schönheit aus, der mich innerlich reinigt und wieder heil macht. Gott liebt mich und sorgt für mich, und wenn ich seine Nähe suche, kommt er mir entgegen.

Der Student kehrte wie verwandelt an die Universität zurück und schrieb mir einen schönen Brief, in dem er sagte: »Jetzt kenne ich die Bedeutung von ›Das Licht vertreibt die Dunkelheit‹, und ich weiß auch, was im Kreuzworträtsel passiert, wenn die Antwort bekannt ist. Ich nutze die Affirmation regelmäßig und bin ein ganz neuer Mensch.«

Der angehende Arzt hätte noch hinzufügen können, was mit Giftstoffen wie Selbstmitleid, Selbstkasteiung und Selbstverleugnung im Unterbewusstsein passiert, wenn man den verschmutzten Geist für das unendliche Meer der Liebe, des Lichts, der Wahrheit und der Schönheit öffnet: Er wird gereinigt und wiederhergestellt.

Der Student entdeckte zwei Seiten seines Wesens in sich: die natürliche (den Menschen mit den fünf Sinnen), die durch Veranlagung, das Umfeld und falsche Ansichten geprägt ist, und die spirituelle, die sich auf die Gegenwart Gottes beruft und das pure Sein, das Prinzip des Lebens darstellt. Er pries die spirituellen Kräfte in sich und richtete sich auf sie aus, woraufhin die göttliche Macht seine Gedanken, Gefühle, Überzeugungen, Taten und Reaktionen leitete. Da löste sich die alte Persönlichkeit auf, und der neue Mensch in Gott wurde geboren.

Ihre Gedanken treten immer in Paaren auf. Die streitlustigen Gedanken des Fünf-Sinne-Menschen, des materiellen Menschen, müssen zerstört und der Gedanke Gottes zum Leben erweckt und gehegt werden. *Und ich, wenn ich über die Erde erhöht bin, werde alle zu mir ziehen.* (Johannes 12,32)

Kapitel 12

Laden Sie Ihre geistigen und spirituellen Batterien auf

Vor einiger Zeit unterhielt ich mich mit einem Geschäftsmann, der schließlich sagte: »Wie kann ich in einer so unsteten und chaotischen Welt die Ruhe bewahren? Ich weiß, dass es heißt: ›In der Ruhe liegt die Kraft‹, aber ich bin völlig verunsichert und durcheinander, und die Nachrichten in den Zeitungen, im Radio und im Fernsehen machen mich halb verrückt.«

Ich sagte zu ihm, ich könne versuchen, ihm sein Problem zu erläutern, ihm ein spirituelles Gegenmittel zu verschaffen, das seine Ängste und Sorgen linderte, und ihm die nötige Ruhe zu verschaffen, um daraus Kraft zu ziehen. Ich wies ihn darauf hin, dass man ganz automatisch in eine deprimierte, ängstliche und besorgte Stimmung verfällt, wenn die Gedanken morgens, mittags und abends um Krieg, Verbrechen, Krankheit, Unfälle und Unglück kreisen. Doch wenn er einen Teil seiner Zeit und Aufmerksamkeit den ewigen Gesetzen und Prinzipien widme, die den Kosmos und das gesamte Leben beherrschen, erhebe ihn das unweigerlich in eine geistige Sphäre der inneren Ruhe und Sicherheit.

Daraufhin wirkte der Mann dreimal täglich mit diesen Wahrheiten auf seinen Geist ein:

Die Himmel rühmen die Herrlichkeit Gottes, vom Werk seiner Hände kündet das Firmament. (Psalm 19,1) *Ich weiß, dass eine höhere Intelligenz die Planeten auf ihren Bahnen hält und das gesamte Universum lenkt. Ich weiß, dass es ein göttliches Gesetz und eine göttliche Ordnung gibt, die mit untrüglicher Sicherheit die ganze Welt gestalten, dafür sorgen, dass die Sterne nachts am Himmel stehen, und die Galaxien im Weltraum steuern. Gott herrscht über das Universum. Ich kehre gedanklich in die Stille meines Geistes ein und betrachte die folgenden Wahrheiten Gottes:*

Sein Sinn ist fest; du schenkst ihm Ruhe und Frieden; denn es verlässt sich auf dich. (Jesaja 26,3)

Frieden hinterlasse ich euch, meinen Frieden gebe ich euch; nicht einen Frieden, wie die Welt ihn gibt, gebe ich euch. Euer Herz beunruhige sich nicht und verzage nicht. (Johannes 14,27)

Denn Gott ist nicht ein Gott der Unordnung, sondern ein Gott des Friedens. (1. Korintherbrief 14,33)

In eurem Herzen herrsche der Friede Gottes … (Kolosserbrief 3,15)

Wichtig sind die großen Dinge im Leben

Der Geschäftsmann wandte sich von den Sorgen und Problemen des Alltags ab und richtete seine Aufmerksamkeit auf die großen Prinzipien und Wahrheiten des Lebens, um über sie nachzusinnen. Er vergaß die kleinen Dinge und dachte nur noch an die großen, wundervollen und guten. Als er die Irrungen und Wirrungen der Welt ausblendete und sich weigerte, auf sie einzugehen oder auch nur länger darüber zu reden, schmolzen seine Angst und seine Sorgen dahin und er fand zu großer Ruhe. Er beschloss, den Frieden Gottes in sein Herz zu lassen. Das wirkte sich auch positiv auf seine Geschäfte aus, weil er nun viel bessere Entscheidungen traf.

Wie eine geplagte Mutter ihr »Herzproblem« überwand

Eine junge Hausfrau litt an Schlaflosigkeit und ständigem Herzrasen. Sie war sich sicher, dass sie ein Herzproblem hatte. Sie war niedergeschlagen und trat ihrem Mann und ihren Kindern gegenüber ständig zornig, ungeduldig und feindselig auf. Die Schlagzeilen der Zeitungen machten sie wütend und sie schrieb scharfe und beißende Briefe an ihren Abgeordneten. Ich schickte sie zu einem Herzspezialisten. Er sagte, körperlich fehle ihr nichts, aber sie sei voller emotionaler Konflikte und wütend auf die ganze Welt.

Ich erklärte ihr, dass konsequente Affirmationen ein Weg seien, um gegen ihren Zorn und ihr emotionales Chaos in Bezug auf ihre Familie und andere vorzugehen. Wenn sie ihren Geist auf die unendliche Gegenwart und Macht ausrichte, würde sie von der Ordnung, Harmonie, Liebe und Ruhe durchdrungen, mit denen sie bei der stillen Betrachtung des Göttlichen in Berührung käme. Darüber hinaus könne sie in diesem Fall eine automatische Reaktion aus den tieferen Strukturen ihres Geistes erwarten, die ihr Gelassenheit, Ruhe und Heiterkeit verschaffte und sie Wohlwollen gegenüber allen Menschen empfinden ließe. Ich betonte, dass sie es dafür vollständig unterlassen müsse, über ihre Beschwerden und ihre Sorgen hinsichtlich des Weltgeschehens zu reden, denn das vergrößere ihre innere Unruhe nur und verschlimmere ihren Zustand, weil der Geist alles, was ihm zugetragen wird, stets verstärkt.

Eine Methode, die innere Ruhe und Gelassenheit herbeiführt

Von da an konzentrierte sie sich ganz auf einige heilsame Bibelverse, die ich ihr heraussuchte, da sie wusste, dass diese Wahrheiten so in ihr Unterbewusstsein vordrangen und sie zu einem glücklichen, fröhlichen und freien Menschen machten:

Habe ich dir nicht befohlen: Sei mutig und stark? Fürchte dich also nicht und hab keine Angst; denn der Herr, dein Gott, ist mit dir bei allem, was du unternimmst. (Jesaja 1,9)

Wir wissen, dass Gott bei denen, die ihn lieben, alles zum Guten führt … (Römerbrief 8, 28)

Werft alle eure Sorge auf ihn, denn er kümmert sich um euch. (1. Petrusbrief 5,7)

Der Herr ist mein Hirte, nichts wird mir fehlen. Er lässt mich lagern auf grünen Auen und führt mich zum Ruheplatz am Wasser. … Du deckst mir den Tisch vor den Augen meiner Feinde. Du salbst mein Haupt mit Öl, du füllst mir reichlich den Becher. Lauter Güte und Huld werden mir folgen mein Leben lang, und im Haus des Herrn darf ich wohnen für lange Zeit. (Psalm 23, 1f. und 5f.)

Indem sie ihre Aufmerksamkeit auf diese spirituelle Nahrung richtete, fand sie rasch den Frieden, der alles Verstehen übersteigt.

Wie man sich ein ruhiges Gemüt bewahrt

In meinen Unterhaltungen mit vielen Menschen aus verschiedenen Berufsfeldern und unterschiedlicher Glaubensrichtungen habe ich oft gehört, dass sie sich regelmäßig an einen Rückzugsort begeben, um dort Gespräche über Gott, Affirmationen und die Kunst der Meditation zu führen und dann eine Schweigeperiode einzulegen. Nach einer morgendlichen Meditation lautet die Anweisung dort, über das Gehörte nachzudenken und mehrere Tage lang zu schweigen, selbst bei den Mahlzeiten. Die ganze Zeit über sollen die Anwesenden ruhig und gelassen über die Worte vom Morgen sinnieren.

Alle, die das mitgemacht haben, erzählten mir, sie seien spirituell und geistig erneuert, erholt und erfrischt wiedergekommen. Zurück in ihren Büros, Firmen und Unternehmen, blieben sie weiterhin dabei, zweimal am Tag 15 bis 20 Minuten lang zu schweigen, morgens und abends, und sie haben festgestellt, dass es stimmt, was die Bibel sagt: *Und der Friede Gottes, der alles Verstehen übersteigt, wird eure Herzen und eure Gedanken … bewahren.* (Philipperbrief 4,7)

Was es bringt, die Batterien aufzuladen

Wenn diese Geschäftsleute geistig und spirituell die Batterien aufgeladen haben, sind sie in der Lage, sich geradewegs und voller Glauben, Mut und Selbstvertrauen den Problemen, Konflikten, Ärgernissen und Auseinandersetzungen des Tages zu stellen. Sie wissen, wo sie sich neue spirituelle Kraft holen können – indem sie sich ruhig auf das Unendliche ausrichten, das, wie es bei Emerson heißt, in lächelnder Ruhe daliegt.[4] Aus der Stille und dem Schweigen des Geistes, der auf Gott ausgerichtet ist, entspringen Energie, Kraft, Inspiration, Anleitung und Weisheit. Diese Geschäftsleute haben gelernt, sich zu entspannen und ihren egoistischen Stolz aufzugeben. Sie kennen, würdigen und rufen die Weisheit und Macht an, die alles Sichtbare und Unsichtbare erschaffen und alle Dinge unerlässlich, beständig und für immer leiten. Sie haben sich entschieden, den Weg der Weisheit zu gehen. *Ihre Wege sind Wege der Freude, all ihre Pfade führen zum Glück.* (Sprüche 3,17)

Der ruhige Geist ist greifbar nah

Wenn ich Ihnen ein Buch schenke, müssen Sie, um es entgegenzunehmen, die Hand ausstrecken. Ebenso müssen Sie auch etwas tun, um die Gaben Gottes, die sich in Ihnen befinden, in Anspruch nehmen zu können. Gott ist der Schenkende und das Geschenk, Sie sind der Empfangende. Öffnen Sie Ihren Geist für Gottes Fluss des Friedens. Gestatten Sie, dass er Ihren Geist und Ihr Herz durchströmt, denn Gott ist Frieden.

Sinnen Sie über die folgenden Verse des 8. Psalms nach und Sie werden spüren, wie ein breiter Strom des Lebens, der Liebe, der Gelassenheit und des Gleichmuts über die ausgetrockneten Felder Ihres Geistes spült und Ihrer unsteten Seele Ruhe verschafft:
Seh ich den Himmel, das Werk deiner Finger, Mond und Sterne, die du befestigt: Was ist der Mensch, dass du an ihn denkst, des Menschen Kind, dass du dich seiner annimmst? Denn du hast ihn nur wenig geringer gemacht als Gott, hast ihn mit Herrlichkeit und Ehre gekrönt. Du hast ihn als Herrscher eingesetzt über das Werk deiner Hände, hast ihm alles zu Füßen gelegt. (Psalm 8, 3–6)

Über die ewigen Wahrheiten zu meditieren, die in diesem Psalm enthalten sind, über die unermessliche Natur des Universums, in dem wir leben, über den unendlichen Geist und die unendliche Intelligenz, die uns erschaffen haben und uns antreiben, uns unterstützen und rhythmisch, harmonisch, unerlässlich, unveränderlich und mit mathematischer Präzision wirken, das alles verleiht Glauben, Zuversicht, Kraft und Sicherheit. Machen Sie sich bewusst, dass Sie – wie der Psalmdichter sagt – Herrscher über Ihre Gedanken, Gefühle, Taten und Reaktionen sind. Das erfüllt Sie mit Selbstachtung und einem Gefühl von Wert und Macht, was Ihnen die Kraft verleiht, Ihre Arbeit zu tun, ein freudvolles Leben zu führen und auf all Ihren Wegen das Lob Gottes auf den Lippen zu haben.

Wie sich ein innerer Konflikt beruhigen lässt

Eines Tages hielt mich in Beverly Hills ein Mann auf der Straße an, der mich erkannt hatte, und sagte, er sei furchtbar beunruhigt. Er fragte: »Glauben Sie, ich kann zu Gelassenheit finden? Ich stehe schon seit mehr als zwei Monaten mit mir selbst auf Kriegsfuß.« In ihm tobte ein Konflikt. Er war von Ängsten, Zweifel, Hass und blindem religiösen Eifer erfüllt. Er war wütend, weil seine Tochter in einen anderen Glauben eingeheiratet hatte, und sagte, er hasse ihren Mann. Mit seinem Sohn sprach er nicht mehr, weil dieser zum Militär gegangen war, obwohl der Vater der Friedensbewegung angehörte. Und zu guter Letzt hatte seine Frau auch noch die Scheidung eingereicht.

Ich hatte dort an der Straßenecke nicht viel Zeit für ihn, doch ich erklärte ihm kurz, er solle sich freuen, dass seine Tochter den Mann ihrer Träume geheiratet habe; wenn sie einander liebten, hätten sie definitiv das Richtige getan, da Liebe ganz unabhängig von Glaubensrichtungen, Ansichten und Hautfarben ist. Gott ist die Liebe, und er sieht nicht auf die Person. In Bezug auf seinen Sohn riet ich ihm, dem jungen Mann zu schreiben, wie sehr er ihn liebte, und für ihn zu beten. Ich sagte, er solle die Entscheidung des jungen Mannes respektieren und sich nicht weiter in dessen Leben einmischen, sondern ihm nur das Beste wünschen. Außerdem meinte ich, ich könne aus unserem Gespräch entnehmen, dass das Gemecker und die Streitereien in seiner Ehe auf einen ungelösten Kindheitskonflikt mit seiner Mutter zurückgingen und dass er seine Frau als Muttersatz betrachte.

Ich gab ihm die folgende ewige Wahrheit auf einem Zettel mit, damit er sie lesen und verinnerlichen konnte: »Sein Sinn ist fest; du schenkst ihm Ruhe und Frieden; denn er verlässt sich auf dich.« Ich forderte ihn auf, sich voller Vertrauen, Glauben und Sicherheit auf Gott zu verlassen, denn dann werde der Strom des Lebens, der Liebe und der inneren Gelassenheit sein Herz erfüllen. Und ich fügte hinzu, dass er jedes Mal, wenn er an ein Familienmitglied dachte, sagen sollte: »Gottes Frieden erfüllt meine Seele, und Gottes Segen erfüllt seine/ihre Seele.«

Wie die Heilung erfolgte

Ein paar Tage später schrieb mir der Mann eine Nachricht: »Mein Leben war die Hölle. Ich hasste es, morgens die Augen aufzuschlagen. Ich nahm jeden Abend Schlaftabletten. Doch nachdem ich Sie auf der Straße getroffen hatte, gab ich mich und meine Familie in die Hände Gottes und sagte mir stets: ›Gott wird mir vollkommenen Frieden schenken, da mein Geist auf ihn ausgerichtet ist.‹ Die Veränderungen, die das bewirkt hat, sind unglaublich. Mein Leben ist nun von Freude und Staunen erfüllt. Meine Frau hat die Scheidung abgeblasen und wir sind wieder zusammen. Ich habe meiner Tochter, meinem Schwiegersohn und meinem Sohn Briefe geschrieben, nun herrschen Frieden, Harmonie und Verständnis zwischen uns.«

Dabei hatte dieser Mann nichts anderes getan, als den Hass und die Ablehnung aus seinem Herzen zu verbannen. Als er sich dem goldenen Fluss des Friedens hingab, reagierte dieser auf ihn, und alle Puzzleteile fielen gemäß der göttlichen Ordnung an ihren Platz.

Wie ein »Opfer der Umstände« aufhörte, ein Opfer zu sein

In den Sommermonaten hatte ich das Vergnügen, ein Seminar in der Nähe von Denver, Colorado, abzuhalten. Dort sprach ich mit einem Mann, der sagte: »Ich stecke fest, bin frustriert, unglücklich und in jeder Hinsicht blockiert. Ich will meinen Hof verkaufen und weggehen, aber ich habe das Gefühl, als säße ich im Kerker – ich bin gefangen.«

Darauf meinte ich: »Wenn ich Sie jetzt hypnotisierte, würden Sie mir alles glauben, was ich Ihnen erzähle, weil Ihr Bewusstsein, das Urteile fällt und Dinge abwägt, außer Kraft gesetzt wäre. Ihr Unterbewusstsein, das keine Unterscheidungen vornimmt, würde alles akzeptieren, was ich ihm einflüstere. Wenn ich Ihnen erzählen würde, Sie wären ein indianischer Fährtenleser und sollten einen Kriminellen verfolgen, würden Sie ins Gebirge ziehen und heimlich nach ihm Ausschau halten. Wenn ich Ihnen sagen würde, dass Sie im Gefängnis säßen und nicht herauskönnten, würden Sie sich wie ein Gefangener fühlen und an die Wände und Eisenstangen um Sie herum glauben. Wenn ich Sie dazu aufforderte, würden Sie sich verzweifelt bemühen, auszubrechen. Sie würden versuchen, über die Wände zu klettern, nach dem Schlüssel suchen und sich alle Mühe geben, um zu entkommen. Währenddessen befänden Sie sich aber die ganze Zeit über hier in der Weite Colorados, frei wie der Wind. All das liegt daran, dass das Unterbewusstsein so empfänglich für Suggestionen ist, die es dann getreulich umsetzt.

Auf diese Weise haben Sie Ihrem Unterbewusstsein eingeredet, dass Sie den Hof nicht verkaufen können, dass Sie hier festsitzen und nicht nach Denver gehen können, um dort zu tun, was Sie tun wollen. Sie glauben, Sie hätten Schulden und Ihnen sei jeder Ausweg versperrt. Ihr Unterbewusstsein kann nicht anders, als diese Einflüsterungen anzunehmen, da es nur das sieht, was Sie ihm eingeben.

Sie haben sich also selbst hypnotisiert. Ihre Fesseln und Beschränkungen sind selbst auferlegt, und Sie leiden unter einem beständigen mentalen Konflikt, der sich aus Ihren falschen Ansichten und Überzeugungen ergibt.«

Das richtige Denken lernen

Ich riet ihm, eine alte Weisheit der Bibel zu befolgen: »Lass dich verwandeln durch die Erneuerung des Denkens. Kehre um, denn das Himmelreich ist nahe.« Umkehren heißt, erneut über etwas nachzudenken – vom Standpunkt der grundlegenden Prinzipien und der ewigen Wahrheiten aus. Ich wies ihn an, sich zu erheben und Gutes für sich zu einfordern, denn schon Shakespeare schrieb: »Alles ist bereit, wenn wir im Geist bereit sind.«[5]

Das »Rezept«, das ihn rettete

Ich fügte hinzu, dass er seinen Geist darauf vorbereiten müsse, Gutes zu empfangen, denn das Himmelreich der Harmonie, der Gesundheit, des Friedens, der Fülle und der Sicherheit sei nahe und warte nur darauf, dass er das, was gut für ihn sei, akzeptiere und annehme. Konkret legte ich ihm folgende Affirmation ans Herz:

Mein Geist ist nun versunken in, interessiert an und fasziniert von den ewigen, unveränderlichen Wahrheiten Gottes. Ich komme zur Ruhe und sinniere über die große

Wahrheit, dass Gott in mir wohnt und durch mich spricht und handelt. Ich halte die Räder meines Denkens an und weiß, dass Gott in mir wohnt. Ich weiß es und glaube es. »Denn euer Vater hat beschlossen, euch das Reich zu geben« – »Befiehl dem Herrn deinen Weg, vertrau ihm – er wird es fügen.«

Die unendliche Intelligenz zieht den Käufer an, der meinen Hof erstehen will, er findet Gefallen an ihm, es kommt zu einem göttlichen Austausch und wir haben beide etwas davon. Der Käufer ist der richtige, der Preis stimmt und die tieferen Strukturen meines Unterbewusstseins bringen uns gemäß der göttlichen Ordnung zusammen. Ich weiß, dass »alles bereit [ist], wenn wir im Geist bereit sind«. Wenn sich Sorgen in meinem Kopf breitmachen, sage ich mir sofort: »Das berührt mich nicht weiter.« Ich richte meinen Geist nun auf Ruhe, Entspannung, Gleichmut und Gelassenheit aus. Ich erschaffe eine neue Welt der Freiheit, Fülle und Sicherheit für mich.

Ein paar Wochen später rief er mich an und erzählte mir, dass er seinen Hof verkauft habe und nun nach Denver gehe. Er war kein Gefangener seines Geistes mehr. Er sagte: »Ich habe erkannt, dass ich mich durch mein negatives Denken in einem Kerker aus Mangel, Einengungen und Beschränkungen eingesperrt und mich quasi selbst hypnotisiert hatte.«

Der Mann hatte gelernt, dass seine Gedanken Dinge erschufen, dass all sein Frust auf den Einflüsterungen anderer beruhte, die er einfach hingenommen hatte, obwohl er sie hätte zurückweisen können, und dass er Ereignisse, Umstände und Lebensbedingungen nicht einfach als gegeben betrachten musste. Sie lösten bei ihm Ängste und Begrenzungen aus, die er verinnerlichte, statt sie abzuwehren, was ihm gelungen wäre, wenn er erkannt hätte, dass sein Denken die einzige Macht und Ursache seiner Welt war. Die Affirmation, die er regelmäßig wiederholte, verlieh ihm die Fähigkeit, konstruktiv zu denken, und zeigte ihm, dass er in der Lage war, weise Entscheidungen zu treffen.

Wenn Sie von Ängsten, Sorgen und Bedenken heimgesucht werden, bewahren Sie sich das innere Gleichgewicht, indem Sie sagen: »Ich erhebe meine Augen zu den Bergen … Meine Hilfe kommt vom Herrn.«

Kapitel 13

Lassen Sie sich auf all Ihren Wegen von der unendlichen Macht leiten

Das Prinzip der Leitung durch Gott wirkt in Ihnen und dem gesamten Universum, und wenn Sie auf die unendliche Intelligenz in Ihrem Inneren bauen, können Sie viele wunderbare Erfahrungen und Geschehnisse anziehen, von denen Sie nicht einmal zu träumen gewagt hätten. Dieses Kapitel wird Ihnen dieses Prinzip auf verschiedene Weise nahebringen, sodass Sie es dazu anwenden können, alle möglichen Wohltaten für sich zu erwirken.

Wie eine Frau den richtigen Partner anzog

Eine Sekretärin, die bereits zweimal unglücklich verheiratet gewesen war, sagte zu mir: »Ich will nicht den gleichen Fehler zum dritten Mal machen. Ich weiß, dass es die letzten beiden Male daran lag, dass ich Männer nach dem Äußeren beurteilt habe; ich weiß nicht, wie ich das Prinzip der göttlichen Leitung richtig anwende. Könnten Sie einmal einen Blick auf meine aktuelle Affirmation werfen?« Sie lautete so:

Die unendliche Intelligenz in mir zieht den richtigen Partner an. Er ist auf Harmonie bedacht, liebenswert, nett und spirituell veranlagt. Ich trage zu seiner Freude und seinem Glück bei, zwischen uns herrschen Harmonie, Frieden und Verständnis. Ich glaube fest daran, dass die unendliche Intelligenz auf meine Gedanken reagiert, und ich weiß, dass sie keine Fehler macht. Ich erwarte und glaube fest und entschieden daran, dass ich den richtigen Partner treffen werde. Ich weiß, dass das Prinzip nun greift, und gehe in dieser Erwartung durchs Leben.

Ich lobte sie für diese Affirmation und für die Intelligenz und Weisheit, die in dieser Anwendung der Macht in ihrem Inneren zum Ausdruck kam. Das Prinzip der Leitung durch Gott wirkte, und die Frau zog einen interessanten, angenehmen und guten Mann an. Ich hatte die Ehre, die Trauung der beiden durchzuführen.

Wie man erreicht, dass andere durch Gott geleitet werden

Sie können die unendliche Macht auch dazu verwenden, jemand anderen als Sie selbst leiten zu lassen, sei es ein Fremder, ein Verwandter oder ein enger Freund. Das erreichen Sie durch das Wissen und den Glauben daran, dass die unendliche Macht auf Ihre Gedanken reagiert.

Ich habe es schon oft getan, mit herausragenden und faszinierenden Ergebnissen.

So rief mich zum Beispiel einmal ein junger Ingenieur an und sagte: »Das Unternehmen, für das ich arbeite, wird an einen größeren Konzern verkauft, und dort ist kein Platz mehr für mich. Würden Sie dafür beten, dass Gott mich leitet?« Ich erzählte ihm, dass es das Prinzip der Leitung durch Gott gäbe, das ihm eine Beschäftigung aufzeigen würde; er müsse nur daran glauben, so wie er auch an die wissenschaftlichen Gesetze glaubte.

Dann ging ich folgendermaßen vor. Ich stellte mir den Ingenieur vor, wie er mir erzählte: »Ich habe eine tolle Stelle mit einem ausgezeichneten Gehalt gefunden. Sie ist mir in den Schoß gefallen.« Das tat ich ungefähr drei bis vier Minuten lang, nachdem er aufgelegt hatte. Er hatte meine Worte vielleicht schon wieder vergessen, aber ich glaubte daran und wartete auf eine Reaktion.

Am nächsten Tag rief der Mann mich an und bestätigte, dass er ein gutes Angebot von einer neuen Firma angenommen habe. Das Angebot, so sagte er, sei ihm in den Schoß gefallen.

Es gibt nur einen Geist, und was ich mir vorstellte und für wahr hielt, geschah dem Ingenieur. Wenn Sie das Prinzip der Leitung durch Gott anrufen, reagiert es auch. Wenn Sie daran glauben, dass etwas geschehen wird, trifft es ein.

Wie Sie sich zu Ihrer wahren Bestimmung führen lassen

Durch das Wissen, dass Gott das unendliche Leben ist und Sie Ihrerseits eine konkrete Ausdrucksform dieses ewigen Lebens darstellen, bauen Sie Vertrauen in die unendliche Macht der Leitung durch Gott auf. Das Lebensprinzip will sich stets durch Sie ausdrücken. Sie sind absolut einzigartig. Sie denken, reden und handeln anders als andere. Es gibt niemanden auf der Welt, der so ist wie Sie. Das Prinzip des Lebens kennt keine Wiederholungen. Erkennen, wissen und glauben Sie, dass Sie ganz besondere Talente und Fähigkeiten haben. Sie tun Dinge auf Ihre ganz eigene Weise, weil Sie Sie sind. Sie sind hier, um sich vollends auszuleben und das zu tun, was Ihnen am Herzen liegt, denn so erfüllen Sie Ihre Bestimmung. Sie sind wichtig. Sie sind ein Organ, eine Ausdrucksform Gottes. Gott braucht Sie dort, wo Sie sind, ansonsten wären Sie nicht dort. Gott wohnt in Ihnen. Alle Kräfte, Eigenschaften und Fähigkeiten Gottes sind in Ihnen. Sie verfügen über Glauben, Vorstellungskraft und Macht, zu wählen und zu denken. Sie formen, bilden und erschaffen Ihr Schicksal durch die Art und Weise, wie Sie denken.

Wie durch Gottes Leitung ein Leben gerettet wurde

Der verstorbene Dr. Harry Gaze, Verfasser einer Biografie von Emmet Fox, glaubte bei allem, was er tat, an das Prinzip der Leitung durch Gott. Eines Tages wollte er gerade in ein Flugzeug einsteigen, als ihm eine innere Stimme davon abriet. Sein Gepäck befand sich bereits in der Maschine, doch er ließ es wieder herausholen und sagte die Reise ab. Er folgte einem intuitiven Impuls, und das rettete ihm das Leben, da alle anderen Passagiere an Bord des besagten Fluges umkamen.

Seine Lieblingspassage aus der Bibel lautete: *Denn er befiehlt seinen Engeln, dich zu behüten auf all deinen Wegen. Sie tragen dich auf ihren Händen, damit dein Fuß nicht an einen Stein stößt.* (Psalm 91,11f.)

Wie man sich von Gott zum richtigen Handeln leiten lässt

Sie erfahren Leitung durch Gott, wenn Ihre Motive stimmen und es Ihr ehrlicher Wunsch ist, das Richtige zu tun. Wenn Ihre Gedanken passen (das heißt, wenn sie der goldenen Regel und dem Gesetz des Wohlwollens anderen gegenüber entsprechen), wird sich ein Gefühl des inneren Friedens und der Ruhe in Ihnen ausbreiten. Diese Gelassenheit und Ausgeglichenheit wird Sie dazu bewegen, in allen Situationen Ihres Lebens das Richtige zu tun. Wenn Sie sich für andere aufrichtig wünschen, was Sie sich auch für sich selbst wünschen, nennt sich das Liebe und erfüllt das Gesetz der Gesundheit, des Glücks und des Seelenfriedens.

Wie Sie sich automatisch leiten lassen

Ein Freund von mir, ein Bauunternehmer, hat stets alle Hände voll zu tun und Schwierigkeiten, seine Geschäftsanrufe zeitnah zu beantworten. Er sagte zu mir: »Es heißt, das Baugeschäft liefe nicht gut, aber ich komme kaum hinterher.« Er fügte hinzu, dass er in der Vergangenheit viele Fehler gemacht und dadurch zweimal viel Geld verloren habe, sich aber sechs Jahre zuvor hingesetzt, *Die Macht Ihres Unterbewusstseins* gelesen und sofort damit angefangen habe, die darin beschriebenen Prinzipien umzusetzen. Er zeigte mir seine tägliche Affirmation, die er säuberlich auf eine Karteikarte geschrieben hatte und stets bei sich trug. Sie lautete:

Ich vergebe mir alle Fehler der Vergangenheit. Ich gebe niemandem die Schuld daran. Alle meine Fehler waren Schritte auf dem Weg zu Erfolg, Wohlergehen und Fortschritt. Ich glaube vorbehaltlos daran, dass Gott mich führt und dass alles, was ich tue, richtig ist. Ich gehe zuversichtlich und ohne Angst durchs Leben. Ich gebe mein Bestes bei der Arbeit. Ich spüre, glaube, fordere und weiß, dass ich auf all meinen Wegen geführt, geleitet, unterstützt und beschützt werde. Ich tue das Richtige, ich denke die richti-

gen Gedanken und ich weiß, dass es in meinem Unterbewusstsein eine unendliche Intelligenz gibt, die auf meine Gedanken reagiert. Ich gebe mein Bestes meinen Kunden gegenüber. Ich erkenne den richtigen Preis und sehe, was zu tun ist. Ich ziehe die richtigen Angestellten an, die harmonisch mit mir zusammenarbeiten. Ich weiß, dass diese Gedanken in mein Unterbewusstsein eingehen und dort ein subjektives Muster bilden, und ich glaube daran, dass ich von dort eine automatische Reaktion erhalte, die meinen Denkgewohnheiten entspricht.

So lautete die Affirmation, die der Bauunternehmer täglich wiederholte, und ihm widerfuhr automatisch Gutes. Er sagte, dass er bei allem, was er tue, ein glückliches Händchen habe; alles, was er anfasse, werde zu Gold. Er hat seit sechs Jahren keine Fehler, Verluste oder Streitigkeiten erlebt. Sein Leben wird automatisch in die richtigen Bahnen gelenkt.

Das können Sie auch haben. Denken Sie immer daran: Ihr Unterbewusstsein reagiert auf die Gedanken und Bilder aus Ihrem Bewusstsein, egal, welcher Natur sie sind.

Die Entdeckung des wahren Talents

Ein junger Mann, der sich schon vergeblich als Musiker, Schauspieler am Theater und Unternehmer versucht hatte, sagte zu mir: »Ich bin überall gescheitert.« Ich meinte zu ihm, dass sich die Lösung seines Problems in seinem Inneren verberge und er seine wahre Bestimmung finden müsse. Ich erklärte ihm, wenn er das täte, was er von Herzen gern machte, würde er glücklich und erfolgreich sein.

Auf meinen Vorschlag hin verwendete er folgende Affirmation:

Ich habe die Macht, es im Leben weit zu bringen. Ich habe nun die klare Entscheidung getroffen, dass ich dazu geboren wurde, ein erfolgreiches, triumphales Leben zu führen. Ich bin zu der inneren Überzeugung gelangt, dass der Königsweg zum Erfolg nun mein ist. Die unendliche Intelligenz in meinem Inneren enthüllt mir meine verborgenen Talente, und ich folge der Eingebung, die mein rationales Bewusstsein hervorbringen wird. Ich erkenne sie klar und deutlich. Der Erfolg ist nun mein. Der Wohlstand ist mein. Ich tue das, was ich von Herzen gern mache, und leiste der Menschheit gute Dienste. Ich glaube an das Prinzip der Leitung durch Gott und weiß, dass die Antwort kommen wird, da ich immer das erhalte, woran ich glaube.

Nach ein paar Wochen verspürte der junge Mann einen starken Drang, die Lehre des Geistes zu studieren. Heute ist er ein erfolgreicher Lehrer, Priester und Berater und geht ganz in seiner Arbeit auf. Er entdeckte das Prinzip der Leitung durch Gott, das seine inneren Talente kannte und sie ihm enthüllte, als er daran glaubte.

Wie eine 80-jährige Frau ein Vermögen machte

Ich führte ein äußerst interessantes Gespräch mit einer Frau, die die 80 bereits überschritten hatte, aber trotzdem fit, geistig rege und vom göttlichen Geist erfüllt und inspiriert war. Sie erzählte mir, dass sie ihr höheres Selbst mehrere Wochen lang vor dem Einschlafen gebeten habe: »Gib mir eine neue Idee ein, die in meinem Geist schon vollendet ist und die ich mir mit größter Leichtigkeit vorstellen kann. Diese Idee soll allen Menschen zugutekommen.« Daraufhin erschien vor ihrem inneren Auge das Bild einer neuen Erfindung. Sie gab eine Skizze davon an ihren Sohn weiter, einen Ingenieur, und er reichte sie bei einem Patentanwalt ein, der sie patentieren ließ. Wenig später bot ein Unternehmen der Frau für das Patent 50.000 Dollar plus Umsatzbeteiligung an.

Sie hatte geglaubt, dass die höchste Intelligenz in ihrem Inneren, das Prinzip der Leitung durch Gott, ihr antworten werde und dass die Idee bereits vollständig war, dass keine weiteren Verbesserungen mehr nötig waren. Ihre Affirmation wurde genau so in die Realität umgesetzt, wie sie es erwartet, sich ausgemalt und geplant hatte.

Ganz egal, welchen Beruf Sie ausüben – auch Sie haben die Macht, Ihren Geist zur Ruhe kommen zu lassen und die unendliche Intelligenz in Ihrem Unterbewusstsein anzurufen, damit sie Ihnen eine neue Idee eingibt, die der ganzen Welt nützt. Sie müssen nur fest daran glauben. *Schon ehe sie rufen, gebe ich Antwort, während sie noch reden, erhöre ich sie.* (Jesaja 65,24) Die Antwort auf alle Fragen befindet sich bereits in Ihnen. Sie ist dort seit Anbeginn der Zeit. Gott wohnt in Ihnen und kennt die Antwort.

Das Prinzip der Leitung durch Gott zieht an, wonach man sucht

Eine irische Freundin schrieb mir, dass ein Hof, der einem Onkel gehört habe, an ihren Bruder vererbt worden sei, der aber vor vielen Jahren in die USA ausgewandert sei und von dem seitdem niemand mehr etwas gehört hätte. Sie fragte, ob ich ihn aufspüren und kontaktieren könne. Die Familie hatte in Irland einen Anwalt eingeschaltet, doch der fand nicht den geringsten Hinweis auf den Aufenthaltsort des Bruders. Meine Freundin hatte nicht einmal ein Bild von ihm.

Also setzte ich mich eines Abends hin, ging in mich und las den 23. Psalm, der sich am allerbesten eignet, wenn man Ruhe und Frieden sucht. Er handelt von David, der erzählt, wie Gott ihn zu grünen Auen und einem Ruheplatz am Wasser führte, was bedeutet, dass das Prinzip der Leitung durch Gott Antworten liefert und friedliche, glückliche und von Freude erfüllte Umstände herbeiführt. David glaubte an dieses Prinzip, und es reagierte auf seinen Glauben. Der Herr, von dem er spricht, ist die kreative Intelligenz, die in unserem Unterbewusstsein wohnt, uns erschaffen hat und uns nährt.

Bei der Meditation über diesen Psalm sinnierte ich: *Das Prinzip der Leitung durch Gott, das die Planeten auf ihren Bahnen hält, die Sonne scheinen lässt und den gesamten Kosmos steuert, ist das gleiche wie das Prinzip in mir. Es weiß alles und sieht alles. Die höchste Intelligenz weiß, wo dieser Mann ist, und enthüllt mir die Antwort. Er nimmt nun sofort Kontakt zu seiner Schwester auf. Es gibt nur einen Geist, das Prinzip des Geistes kennt keine Trennung und weder Zeit noch Raum. Ich bestimme jetzt, dass der Aufenthaltsort des Mannes umgehend bekannt und seiner Schwester und ihrem Anwalt in Irland mitgeteilt wird. Die unendliche Intelligenz in mir weiß am besten, wie das zu bewerkstelligen ist, und kümmert sich auf ihre eigene Weise darum. Das glaube ich, akzeptiere ich und dafür danke ich.*

Die Art und Weise, wie das Prinzip der Leitung durch Gott funktionierte, ist höchst aufschlussreich und inspirierend. Nach ein paar Wochen erhielt ich einen Luftpostbrief aus Irland, in dem meine Freundin schrieb, dass ihr Bruder ihr ein Telegramm geschickt und darin seinen Besuch zu Hause angekündigt habe. Das war seit 46 Jahren das erste Mal, dass sie von ihm gehört hatte. Und das war kein Zufall oder pures Glück. Unser Universum wird von Regeln und Gesetzen bestimmt. Wie Emerson sagte: »Nichts passiert zufällig. Alles wird angestoßen.« Es gibt ein kosmisches Gesetz der Ursache und Wirkung. Meine Gedanken waren in das universelle Unterbewusstsein eingegangen, das wir alle teilen und das den gesamten Kosmos durchdringt. Sie wurden vom vermissten Bruder vernommen, und das Prinzip der Leitung durch Gott bewegte ihn dazu, sich sofort bei seiner Schwester zu melden.

In einem später folgenden Brief erzählte meine Freundin, ihr Bruder habe ihr berichtet, dass er eines Nachts nicht schlafen konnte, weil er das unaufhörliche, drängende und stetige Verlangen verspürte, in die alte Heimat zurückzukehren und sich bei seiner Schwester zu melden. Er reagierte sofort auf diesen Impuls, indem er ihr ein Telegramm schickte und ein Flugticket nach Irland buchte. Dort angekommen, erfuhr er, dass die Anweisung der Stimme in seinem Inneren ein wahrer Segen war, da er nicht nur einen Hof erbte, sondern auch ein schönes Zuhause erhielt.

Man kann nicht vorhersagen, wie sich eine Affirmation erfüllt. In der Bibel steht: *So hoch der Himmel über der Erde ist, so hoch erhaben sind meine Wege über eure Wege und meine Gedanken über eure Gedanken.* (Jesaja 55,9)

Kapitel 14

Nutzen Sie die unendliche Macht, um zu heilen

Die kreative Intelligenz, die Ihren Körper erschaffen hat, weiß auch, wie man ihn heilt. In Ihrem Inneren gibt es eine unendliche Heilkraft, die alle Prozesse und Wirkungsweisen des Körpers kennt. Wenn Sie sich darauf ausrichten, wird sie eine aktive und wirksame Rolle in Ihrem Leben übernehmen. In der Bibel steht: *Denn ich bin der Herr, dein Arzt.* (Exodus 15,26)

Es ist Ihr göttliches Geburtsrecht, gesund, kraftvoll, stark und energiegeladen zu sein. Dieses Kapitel zeigt Ihnen, was Sie unternehmen können, um zu blendender Gesundheit zu gelangen und sich diese zu bewahren. Ich empfehle Ihnen, die Methoden und Techniken, die in diesem Kapitel beschrieben werden, gleich anzuwenden, denn so finden Sie zu Harmonie und Gelassenheit.

Gute Gesundheit geht auf konstruktives Denken zurück

Die Gedanken, Meinungen und Überzeugungen, die Sie in Ihrem Unterbewusstsein verankern, finden Ausdruck in Ihrem Körper, Ihrem beruflichen Erfolg und allen anderen Lebensbereichen. Ihre Gesundheit wird in weiten Teilen von dem bestimmt, was Sie die ganze Zeit über denken. Wenn Sie Ihren Geist mit Gedanken der Vollkommenheit, Schönheit, Perfektion und Lebenskraft füttern, werden Sie sich Wohlbefinden verschaffen. Wenn Sie sich in Gedanken des Kummers, der Angst, des Hasses, des Neids, der Niedergeschlagenheit und der Sorge ergehen, werden Ihr Geist, Ihr Körper und Ihr Dasein daran kranken. Sie sind das, was Sie den ganzen Tag lang denken.

Wie man die unendliche Heilkraft freisetzt

Eine junge Frau, die an chronischen Halsschmerzen und ständigem Fieber litt, schickte ich zu einem befreundeten Arzt. Er stellte eine schwere Halsentzündung fest und verschrieb ihr Antibiotika und eine Lösung zum Gurgeln. Doch sie sprach nicht auf die Medikamente an. Der Arzt konnte keinen Grund dafür finden. Also bat ich sie erneut zu mir. Ich fragte sie, ob sie etwas vor mir verheimliche, und sagte ihr, dass es sie möglicherweise gesund machen könne, wenn sie mit mir darüber sprach.

Daraufhin platzte es aus ihr heraus: »Ich hasse meine Mutter und meine Lebensumstände. Sie ist autoritär und überanspruchsvoll, sie will mein Leben kontrollieren, indem sie mich mit einem Mann verheiratet, den *sie* für den richtigen für mich hält.«

Dieser emotionale Zustand der Ablehnung in Verbindung mit den Schuldgefühlen, die der Hass auf die Mutter bei ihr auslöste, hatte die Halsentzündung verursacht. Ich erklärte der jungen Frau, dass ihre ambivalenten Gefühle, die sie im einen Augenblick sagen ließen, sie liebe ihre Mutter, und im nächsten, dass sie sie hasse, zweifellos der Grund für ihre Krankheit seien. Sie wollte den von der Mutter ausgewählten Mann nicht heiraten, also erfüllte ihr Unterbewusstsein ihr diesen Wunsch, indem es für eine Halsentzündung sorgte. Ihr Unterbewusstsein erklärte dem Bewusstsein damit: »Du kannst ihn nicht heiraten, solange du krank bist.«

Wie ihre Gesundheit wiederhergestellt wurde

Auf meinen Rat hin teilte sie ihrer Mutter klipp und klar mit, dass sie den Mann nicht heiraten werde, weil sie ihn nicht liebe. Außerdem suchte sie sich eine eigene Wohnung und beschloss, von nun an alle ihre Entscheidungen selbst zu treffen. Ich hatte Gelegenheit, mit der Mutter zu sprechen, und wies sie darauf hin, dass es absolut falsch sei, darauf zu beharren, dass ihre Tochter einen

Mann heiratete, den sie nicht liebte, da jede Heirat, die aus einem anderen Grund erfolgte, Heuchelei und eine Farce sei.

Die Mutter war klug genug, das einzusehen, und sagte zu ihrer Tochter, sie könne heiraten, wen sie wolle; sie als Mutter würde ihr nicht länger vorschreiben, was sie zu tun habe, sie sei frei wie der Wind.

Eine Demonstration der Heilkraft

Die junge Frau führte ein grundlegendes Gespräch mit ihrer Mutter, das beide in einer Geisteshaltung der Versöhnung, der Liebe und des Wohlwollens füreinander zurückließ. Unmittelbar danach wurde die Tochter gesund, und ihr Leiden ist seitdem nicht zurückgekehrt.

Wie man neue, gesundheitsfördernde Kraft freisetzt

Vor Kurzem unterhielt ich mich mit einem Bankangestellten, der sehr nervös und unruhig war und weder geistig noch körperlich gesund wirkte. Er sagte: »Ich habe die Grippe. Sie macht mich fertig.« Ich formulierte eine Affirmation für ihn und betonte, dass er seinem Unterbewusstsein durch die Wiederholung der Worte, den Glauben daran, dass sie der Wahrheit entsprachen, und der Erwartung, dass sie in die Realität umgesetzt würden, Bilder von Gesundheit, Vollkommenheit und

Kraft aufprägen könne, mit herausragenden Ergebnissen. So lautete die Affirmation:

Ich bin stark, kräftig, liebevoll, auf Harmonie bedacht, vital, energiegeladen, fröhlich und glücklich.

Diesen Satz wiederholte er drei- oder viermal täglich fünf Minuten lang, in dem Wissen, dass man genau das wird, was hinter einem »Ich bin« folgt. Nach etwa einer Woche rief er mich an und sagte: »Die spirituelle Medizin, die Sie mir verschrieben haben, hat Wunder gewirkt. Von jetzt an will ich dafür sorgen, dass alles, was ich an ›Ich bin‹ anschließe, von göttlicher Natur und gut ist.« Er hatte die entsprechenden Ergebnisse erwartet und an die Reaktion seines Unterbewusstseins geglaubt.

Die unendliche Heilkraft des Unterbewusstseins

Eine Mutter brachte ihren zehnjährigen Sohn zu mir, der schlimm an Asthma litt. Sie erzählte, dass er im Sommer, wenn er bei seinen Großeltern in San Francisco war, keinen einzigen Anfall habe, doch sobald er nach Hause kam, wurde es wieder schlimmer und er musste die Medikamente nehmen, die ihm sein Hausarzt verschrieben hatte, um die Symptome zu lindern.

Als ich mich mit dem Jungen unter vier Augen unterhielt, erfuhr ich, dass sich seine Eltern ständig stritten. Er hatte Angst, sie beide und sein Zuhause zu verlieren. Der Junge war in jeder Hinsicht ein normales Kind. Das Problem waren der Unfrieden und die Konflikte der Eltern. Ein Gespräch mit der Mutter ergab, dass sie ihrem Mann gegenüber eine enorme Feindseligkeit und unterdrückte Wut verspürte. Sie gab zu, gelegentlich mit Geschirr nach ihm zu werfen und zweimal von ihm geschlagen worden zu sein. Der Junge geriet ständig zwischen die Fronten und litt daher unter Angst und einer tiefen Verunsicherung.

Ein Wunderwerk der unendlichen Heilkraft

Es gelang mir, den Vater und die Mutter an einen Tisch zu bringen und ihnen zu erklären, wie Kinder unter einer negativen geistigen und emotionalen Atmosphäre in ihrem Zuhause leiden. Ich sagte ihnen, dass sie den Jungen zweifellos beide liebten, wies sie aber auch darauf hin, dass sie allein durch die Tatsache, dass sie ihn gezeugt hatten, eine moralische und spirituelle Verpflichtung eingegangen seien, dafür zu sorgen, dass er Liebe, Frieden und Harmonie erfahre. Sie müssten ihm das Gefühl geben, geliebt, gewollt und gewürdigt zu werden. Ich erläuterte ihnen, dass ihr Sohn sich nach Sicherheit sehnte und dass ich glaubte, sein Asthma würde verschwinden, wenn die Liebe und Harmonie zwischen Vater und Mutter wiederhergestellt war. Die Krankheit war ein Symptom seiner Angst und Sorge.

Die heilende Affirmation der Eltern für ihren Sohn

Ich schrieb den beiden eine Affirmation für den Jungen, die sie abwechselnd jeden Abend und Morgen aussprechen sollten. Ich wusste, wenn sie füreinander und ihren Sohn beteten, würden sich der aufgestaute Hass und die Feindseligkeit durch die göttliche Liebe auflösen. Diese Affirmation lautete:

Wir schließen uns zusammen in dem Wissen, dass Gott existiert und seine unendliche Heilkraft uns durchströmt. Wir strahlen einander gegenüber Liebe, Frieden und Wohlwollen aus. Wir erkennen die Anwesenheit Gottes im anderen an, und die Worte, die wir aneinander richten, sind von Freundlichkeit, Liebe und Harmonie durchdrungen. Wir heben einander geistig und spirituell empor, da wir wissen, dass das Licht, die Liebe und die Freude Gottes jeden Tag besser durch uns beide zum Ausdruck kommen. Wir begrüßen das Göttliche im jeweils anderen, und unsere Ehe wird jeden Tag besser und harmonischer. Unser Sohn ist offen und empfänglich für unsere liebevollen Gedanken. Er lebt, existiert und bewegt sich in Gott. Er atmet den reinen Atem des Geistes. Seine Bronchien, Lungen und sein gesamter Atmungsapparat sind von der belebenden und heilenden Kraft seines Unterbewusstseins durchdrungen und gesättigt, was ihn frei, leicht und ohne Probleme atmen lässt.

Diese Affirmation wiederholten sie morgens und abends drei- oder viermal, der Mann am Morgen und die Frau am Abend.

Die heilende Affirmation des Sohnes

Der Sohn hingegen sagte jeden Abend:
Ich liebe meinen Vater und meine Mutter. Gott liebt sie und sorgt für sie. Sie sind glücklich zusammen. Ich atme den Frieden Gottes ein und die Liebe Gottes aus. Ich schlafe friedlich ein und wache fröhlich auf.

Die Eltern glaubten fest an die wundersame Heilkraft des Unterbewusstseins. Nach etwa zwei Wochen bemerkten sie, dass der Sohn keine Asthmaanfälle mehr hatte, und setzten die Medikamente ab. Der Junge erzählte mir, dass er in der siebten Nacht nach dem Sprechen der Affirmation von einem Mann mit Bart geträumt hatte, der zu ihm sagte: »Sohnemann, du bist jetzt gesund.« Er wachte auf und erzählte seinen Eltern davon, er sagte: »Ich weiß, dass ich geheilt bin.«

Meine Analyse und mein Kommentar

Meiner Ansicht nach geschah Folgendes: Als die Eltern zusammen füreinander und für den Sohn zu beten begannen, wirkten die heilsamen Schwingungen des Friedens, der Harmonie und der Liebe auf den empfänglichen Geist des Jungen ein und aktivierten die Muster der Gesundheit, Harmonie und Perfektion, die dort ohnehin schon existierten. Die Eltern glaubten an die unendliche Heilkraft des Unterbewusstseins, an das, was sie taten und warum sie es taten. Die Affirmation des Kindes beschleunigte den Heilungsprozess noch. Indem er seinen Geist mit Glauben an die Heilkraft Gottes und mit der Liebe zu seinen Eltern füllte, führte das Unterbewusstsein die Heilung in Form eines lebhaften Traumes durch. In der Bibel steht: *So gebe ich mich ihm in Visionen zu erkennen und rede mit ihm im Traum.* (Numeri 12,6)

Das Wunder der veränderten Einstellung verändert das Leben

Gegen Ende des 19. Jahrhunderts sagte William James, der als Vater der amerikanischen Psychologie gilt: »Die größte Entdeckung meiner Generation besteht darin, dass der Mensch sein Leben verändern kann, indem er seine Einstellung ändert.« Das heißt, Sie können gesünder, vitaler, lebendiger und fröhlicher werden, wenn Sie Ihr Unterbewusstsein mit Leben spendenden Mustern der Harmonie, Freude, Energie, Kraft, Begeisterung und des Erfolgs füttern.

Wie die richtige Einstellung eine Krankheit verschwinden ließ

Vor ein paar Wochen sprach ich zu etwa 1500 Zuhörern in einem Saal im Frontier Hotel in Las Vegas. Das Thema meines Vortrags lautete »Wie man ein Heilungsbewusstsein entwickelt«. Hinterher erzählte mir ein junger Arzt von einem sehr interessanten und beflügelnden Erlebnis. Er sei eines Abends in ein Haus gerufen worden, in dem ein krankes junges Mädchen lag, dessen Eltern nicht an Krankheiten oder Ärzte, egal welcher Schule, glaubten. Der Vater sagte zu ihm: »Meine Tochter hat Angst und befürchtet zu sterben.« Der Arzt untersuchte die Patientin und befand, dass sie zwar 39 Grad Fieber hatte, aber wieder gesund werden würde – sie hatte nichts Schlimmes, es drohte keine tödliche Gefahr.

Die junge Frau bat ihn, mit ihr gemeinsam zu beten, und da er sehr religiös war, sprach er mit ihr den 23. Psalm. Sie wollte keine Medikamente nehmen, weil das gegen ihren Glauben verstieß. Er erzählte mir später, dass er davon überzeugt war, dass sie genesen würde, und sie als gesunden Menschen vor sich sah.

Einen Monat später besuchte der Bruder des Mädchens, der sich von den religiösen Überzeugungen seiner Eltern und seiner Schwester gelöst hatte und selbst ein angesehener Arzt und Chirurg geworden war, den Arzt, der bei der jungen Frau gewesen war, und wollte wissen, welche Behandlung dieser angewendet hatte, da sie zuvor zwei- bis dreimal pro Woche epileptische Anfälle erlitten hatte, nun aber völlig davon verschont blieb. Er sagte, er habe mehrere Jahre lang erfolglos versucht, sie dazu zu überreden, moderne Anti-Epilepsie-Medikamente zu nehmen. Der junge Arzt erklärte dem Bruder der Patientin, er habe nichts weiter getan, außer dem Mädchen klarzumachen, dass es gesund würde, dass keine tödliche Gefahr bestand und es schnell wieder auf dem Damm sein würde.

Ein paar Augenblicke fehlten beiden die Worte. Dann brach der Bruder der jungen Frau das Schweigen: »Also haben Sie ihr eine Dosis Glauben an die Heilkräfte Gottes verabreicht. Ihre positiven Gedanken haben den Weg in ihr Unterbewusstsein gefunden und sie geheilt.«

Zu mir meinte der junge Arzt: »Hätte ich gewusst, dass sie an Epilepsie litt, wäre ich niemals so positiv und zuversichtlich gewesen. Heute weiß ich, dass das Bild der vollkommenen Gesundheit und das absolute Vertrauen auf ihre Genesung sich in ihr Unterbewusstsein übertrugen und dass die Kombination aus meiner Einstellung und ihrer neuen Einstellung alles veränderte und für eine vollständige Heilung sorgte. Das Ganze ist jetzt ein Jahr her, und sie hat seitdem keinen einzigen Anfall mehr gehabt. Heute ist sie verheiratet und fährt sogar selbst Auto.« Eine Veränderung der Einstellung kann alles zum Besseren verändern!

In der Bibel steht: *Dein Glaube hat dir geholfen. Geh in Frieden!* (Lukas 8,48)

Kapitel 15

Machen Sie sich die unendliche Kraft der Liebe und Ihren inneren Ehewegweiser zunutze

Gott ist Leben, und das Leben tritt gern in Form von Harmonie, Gesundheit, Frieden, Freude, Fülle, Schönheit und richtigem Handeln zutage – mit anderen Worten: Es kommt gern als reichhaltiges Leben daher. In uns allen gibt es etwas, was uns an unsere Ursprünge erinnert und uns dorthin zurückführt. Es ist unser Auftrag und unsere Bestimmung, diese Erinnerung so zu stärken, dass sie von einem Funken zu einer Flamme anwächst und wir spüren, wie wir eins sind mit Gott – der Quelle allen Lebens. Wir haben einen starken Hunger und Durst danach, uns mit der unendlichen Lebensquelle, dem Schöpfer, zu vereinen.

Als Sie zur Welt kamen, riefen Sie nach Nahrung. Im Verlauf der Jahre entdeckten Sie, dass Sie niemals gesättigt sein können, wenn Sie nicht über das Essen hinaus auch spirituelle Nahrung erhalten – die Inspiration, Anleitung, Weisheit und Kraft der unendlichen Quelle aller Wohltaten. Das unendliche Lebensprinzip findet Ausdruck durch Sie, und Ihre Liebe zu Gott drückt sich in Ihrem Verlangen danach aus, sich geistig und spirituell mit der Quelle aller Wohltaten und aller Macht zu verbinden.

Lieben Sie die Bilder in Ihrem Kopf

Die Muster und Bilder in Ihrem Kopf finden Ausdruck durch Ihre Liebe, durch Ihre emotionalen Bindungen. Jede Idee und jeder Wunsch, den Sie mit Gefühlen untermauern und als wahr betrachten, wird in Ihrer Welt herbeigeführt. Überlegen Sie sich beim Lesen dieses Kapitels, was Sie sich für sich wünschen, richten Sie Ihre ganze Aufmerksamkeit und Hingabe auf das Bild und betrachten Sie es regelmäßig und systematisch vor Ihrem inneren Auge, dann wird es mit Emotionen unterfüttert und in die Realität umgesetzt. Sie werden das, was Sie lieben.

Malen Sie sich mehrmals täglich aus, was Sie sein, tun und haben wollen. Bleiben Sie liebevoll und gefühlvoll, aber beharrlich dabei. Üben Sie keinen Druck oder Zwang aus, sondern übermitteln Sie das mentale Bild voller Zuversicht an das Unterbewusstsein, in dem Wissen und dem Glauben, dass dieses entsprechend reagieren wird.

Wie eine Frau zu dauerhafter Liebe fand

Kürzlich frage mich eine junge Frau: »Was läuft nur falsch bei mir? Ich weiß, dass ich gebildet bin, ich zähle zu den Führungskräften in meinem Unternehmen, ich bin eine gute Gesprächspartnerin und viele Menschen bezeichnen mich als attraktiv. Dennoch ziehe ich nur verheiratete Männer und Alkoholiker an, oder ich erhalte zweifelhafte Angebote.«

Warum sie sich selbst ablehnte

Das erleben viele Frauen, die charmant, lebhaft, nett und charakterfest sind, sich selbst aber erniedrigen. Die junge Frau hatte einen grausamen, despotischen Vater, der ihr niemals Liebe oder Aufmerksamkeit hatte zukommen lassen. Er war Puritaner und hatte ihr nicht erlaubt, sonntags zu spielen. Stattdessen musste sie an diesem Tag dreimal zur Kirche gehen. Darüber hinaus stritt er sich brutal mit der Mutter. Die Tochter fühlte sich von ihm zurückgewiesen, weil er nie irgendein Interesse an ihren schulischen Leistungen oder ihrem allgemeinen Wohlergehen zeigte.

Daher hasste sie ihn unterbewusst, fühlte sich deswegen aber gleichzeitig schuldig, was bei ihr das Gefühl auslöste, sie gehöre eigentlich bestraft. Tief in ihrem Unterbewusstsein meinte sie immerzu, sie müsse zurückgewiesen werden, sei der Liebe nicht würdig und nicht sonderlich attraktiv.

Das geheimnisvolle Gesetz der Anziehungskraft

Gleich und gleich gesellt sich gern, es zieht einander an. Da das Gefühl der Zurückweisung und die Angst vor Bestrafung die Geisteshaltung der jungen Frau prägten, zog sie automatisch frustrierte, neurotische, gehemmte Männer an. Das Gesetz des Geistes reagiert und funktioniert gemäß den Gedankenmustern oder Anweisungen, die man ihm liefert, seien sie positiv oder negativ.

Wie die Frau ihr Unterbewusstsein reinigte

Auf meinen Rat hin formulierte sie folgende Affirmation, mit der sie ihr Unterbewusstsein morgens, nachmittags und abends fünf bis zehn Minuten lang fütterte:

Ich weiß, dass die göttliche Liebe alles auflöst, was ihr nicht entspricht. Ich weiß und glaube, dass sich das, worüber ich bewusst meditiere, in mein Unterbewusstsein einprägt und in die Realität umgesetzt wird. Gott ist in mir. Ich ehre, preise und liebe das Gottes-Ich in mir. Immer wenn ich dazu neige, mich selbst zu verurteilen oder zu kritisieren, sage ich mir sofort: »Ich preise Gott in mir.«

Ich verzeihe mir die hasserfüllten und ablehnenden Gedanken gegenüber meinem Vater und wünsche ihm alles Gute. Immer wenn ich an ihn, der nun die nächste Dimension erreicht hat, denke, wünsche ich ihm Gutes. Das werde ich fortführen, bis kein Stachel mehr in mir steckt.

Gottes Liebe durchströmt mich jetzt. Sein Frieden hüllt mich ein. Die göttliche Liebe umgibt und umfängt mich.

Diese unendliche Liebe ist in meinem Herzen und in meinem Inneren eingeschrieben. Ich strahle allen Männern und Frauen gegenüber Liebe aus. Die göttliche Liebe heilt mich. Sie leitet mich und führt mich zu perfekten, harmonischen Beziehungen. Gott ist Liebe. »Wer in der Liebe bleibt, bleibt in Gott und Gott bleibt in ihm.«

Diese Affirmationstherapie führte sie einen Monat lang durch und hielt sich dabei genau an die Vorgaben. In unserem nächsten Gespräch saß eine ganz andere Frau vor mir. Ihre Geisteshaltung in Bezug auf sich selbst, das Leben und die Welt im Allgemeinen hatte sich enorm gewandelt.

Wie sie sich für die Ehe bereit machte

Sie hatte sich aus der Selbstverachtung befreit, einer negativen Einstellung, die, selbst wenn sie verheiratet gewesen wäre, die Ehe zerstört hätte. Nun ging sie zu dieser Affirmation über:

Ich glaube, dass ich den idealen Mann finden kann. Ich weiß, dass es dabei auf beide Parteien ankommt. Ich biete ihm Loyalität, Hingabe, Ehrlichkeit, Glück und Erfüllung und empfange von ihm Loyalität, Treue, Vertrauen, Liebe und Erfüllung. Die unendliche Intelligenz in mir weiß, wo sich dieser ideale Mann befindet. Ich werde von diesem Mann, den sie für mich aussucht, gebraucht, ich fühle mich von ihm gewollt und begehrt. Ich brauche ihn und er braucht mich. Zwischen uns herrschen Harmonie, Frie-

den, Liebe und Verständnis. Die göttliche Liebe vereint uns und wir passen spirituell, geistig und körperlich perfekt zusammen. Ich lasse alle Ängste und Sorgen los, vertraue darauf und glaube daran, dass die unendliche Intelligenz uns zusammenführen wird. Ich weiß, dass wir uns erkennen werden, wenn wir uns treffen. Er liebt mich und ich liebe ihn. Ich übergebe diese Vorstellung nun an den unendlichen Geist und bedanke mich beim universellen Gesetz der Liebe für ihre Umsetzung.

Diese Affirmation wiederholte sie jeden Morgen und jeden Abend voller Nachdruck, in dem Glauben und dem Wissen, dass diese Wahrheiten dadurch in ihr Unterbewusstsein drangen.

Wie Liebe Liebe anzieht

Zwei Monate gingen ins Land. Die Frau traf sich mit mehreren Männern, doch keiner davon war der Richtige. Immer wenn sie zweifelte, erinnerte sie sich selbst daran, dass die unendliche Macht sich ihrer Bitte annahm. Eines Tages flog sie geschäftlich nach New York, als ein großer, attraktiver Geistlicher sich neben sie setzte und eine Unterhaltung mit ihr anfing. Die beiden diskutierten über Religion, und die Frau stellte fest, dass sie in vielen Fragen des Glaubens und der Politik einer Meinung waren. Sie besuchte einen seiner Gottesdienste in New York, und nach einer Woche waren die beiden verlobt. Heute sind sie verheiratet und leben voller

Harmonie zusammen in einem wunderschönen Pfarrhaus.

Wie ein Geschäftsmann seine übertriebene Eifersucht durch Liebe überwand

Liebe verbindet, Eifersucht trennt. Milton bezeichnete sie als »verschmähter Liebe Hölle«[6], Shakespeare schrieb: »Hüten Sie sich vor Eifersucht! Dem grünäugigen Ungeheuer, das mit uns spielt, eh's uns frisst.«[7] Mit anderen Worten: Wer eifersüchtig ist, vergiftet das Essen, das er selbst isst.

Ein Beispiel dafür ist ein Mann, der eine tiefe Abneigung einem Geschäftsrivalen gegenüber empfand, weil dieser mehr Erfolg hatte, häufiger befördert wurde und beliebter war. Ich erklärte diesem Mann, dass das tödliche Gift der Eifersucht all seine lebenswichtigen Organe befiel; er litt bereits an blutenden Magengeschwüren, Hämorrhoiden und Bluthochdruck. Außerdem ließ das Gift seine zuvor gesund wirkenden Gesichtszüge verhärmt und fahl wirken und raubte ihm die gesamte Lebenskraft.

Wie die Erklärung zum Heilmittel wurde

Meine Erklärung seiner Probleme lautete: Die unendliche Macht ist eins und unteilbar. Es gibt keine Rivalität, da die unendliche Macht nicht mit sich selbst in den

Wettstreit treten kann. Sie ist nicht in einzelne Stücke oder Sektionen unterteilt. Es gibt nichts, was sich ihr entgegensetzen, sie behindern oder sie beeinträchtigen kann, da sie die einzige bestehende Macht, Ursache und Substanz ist. Ganz sicher steht das unendliche Sein niemals mit einer Sache oder einer Person im Wettstreit. Die unendliche Macht ist das Lebensprinzip, das in allen Menschen steckt und in jedem von uns in einzigartiger und außergewöhnlicher Weise zum Ausdruck kommt. Es gibt sieben Milliarden Menschen auf der Welt, und der unendliche Vorrat des Lebens durchströmt jeden davon.

Jeder Mensch kann sich zu eigen machen, was er sich wünscht, da der unendliche Fluss des Geistes uns alle durchströmt. Unsere Gedanken und Gefühle, unsere Aufmerksamkeit und die Anerkennung dieser unendlichen Macht stellen eine direkte Verbindung zum unendlichen Vorrat dar. Das einzige Wesen auf der Welt, das diese Verbindung trennen kann, sind wir selbst, und zwar durch einen Mangel an Glauben.

Kontakt zur Liebe herstellen

Ich sagte zu dem Mann: »Gehen Sie in sich und fordern Sie Gesundheit, Wohlstand, Fülle, Inspiration, Anleitung, Liebe und alles, was Sie sich sonst noch wünschen. Wenn Sie fest daran glauben und davon ausgehen, dass es so kommt, wird das Gewünschte eintreten. Sie wollen nicht, was der andere hat. Freuen Sie sich über seinen Erfolg. Sie können das, was Sie wollen, durch das richtige Denken und Fühlen erreichen. Mit anderen Worten: Wenn Sie ein mentales Abbild dessen, was Sie sich wünschen, in Ihrem Geist erschaffen, werden Sie die Früchte ernten.

Wer eifersüchtig auf die Fähigkeiten, Erfolge, Leistungen und den Wohlstand eines anderen ist, erniedrigt sich selbst und zieht noch mehr Mangel, Verlust und Beschränkungen an. Dadurch schneiden Sie sich von der göttlichen Quelle alles Guten ab und erklären sich selbst: ›Er kann diese Dinge und den Erfolg haben, ich aber nicht.‹ Das stimmt nicht, dadurch enthalten Sie sich selbst den Erfolg vor. Da es nur einen Geist und ein Leben gibt, müssen Sie lernen, in Ihren Gedanken und Gefühlen aufrichtig allen Männern, Frauen und Kindern auf der Welt das Recht auf Leben, Freiheit, Glück und den Segen Gottes zu wünschen, denn das ist wahre Liebe. Liebe (Wohlwollen) ist die Erfüllung des Gesetzes des Erfolgs, des Glücks und des Seelenfriedens.«

Wie die Liebe sein Leben veränderte

Meine einfachen und praktischen Hinweise zur Wirkungsweise des Geistes verschafften dem Mann eine neue Perspektive und einen neuen Blick auf sein Leben. Er erklärte mir, er werde nie wieder eifersüchtig sein oder einem anderen Menschen gegenüber wegen dessen Erfolg oder einer Beförderung Abneigung empfinden, sondern sich über den Aufstieg und die Fortschritte jedes Einzelnen freuen. Ich gab ihm die folgende Affirmation mit, die er häufig wiederholen sollte:

Ich weiß und glaube, dass wir alle der gleichen Quelle entspringen, dem Lebensprinzip, das unser aller Vater ist. Alle Menschen sind Brüder und Schwestern. Ich grüße die Göttlichkeit in jedem von uns. Ich weiß, dass ich durch das, was ich liebe, geprägt und geformt werde. Wenn ich Liebe und Wohlwollen allen Menschen gegenüber ausstrahle, tilgt das jegliche Eifersucht, Abneigung und Angst aus meinem Unterbewusstsein. Ich erfreue mich am Erfolg, Aufstieg, Fortschritt und Glück aller Menschen in meinem Umfeld und überall auf der Welt. Der Fluss des Lebens und der Liebe durchströmt mich, ich bin befreit und im Reinen mit mir.

Bei jedem Anflug von Eifersucht oder Neid sagte er sich: »Ich erfreue mich am Erfolg dieses Menschen. Ich strahle Liebe und Wohlwollen ihm gegenüber aus.« Das machte er sich zur Gewohnheit, und es führte ihn zum Erfolg: Heute leitet er sein eigenes Unternehmen. Das Erstaunlichste daran ist, dass der Kollege, auf den er so furchtbar eifersüchtig war, nun sein Geschäftspartner ist – zusammen sind die beiden erfolgreicher, als sie es sich je erträumt hätten.

Wie man die Macht der Liebe konstruktiv nutzt

Vor einiger Zeit sprach ich mit einer Frau, die sagte: »Ich habe mich in einen Mann verliebt. Wie kann ich ihn dazu bringen, mir einen Antrag zu machen und mich zu heiraten?« Doch das ist eine falsche Anwendung des Gesetzes der Liebe. Es ist das Gegenteil von Liebe und deutet auf die Absicht hin, den anderen zu etwas zu drängen oder zu zwingen, was er nicht will. Man nimmt ihm sein gottgegebenes Recht und Privileg, für sich selbst zu entscheiden.

Jemanden mit geistigen Mitteln dazu zu bewegen, das zu tun, was man selbst möchte, nennt sich schwarze Magie. Sie ist an vielen Orten der Welt verbreitet. Ich erklärte der Frau, dass es sich rächen würde, wenn sie sich den Mann auf diese Weise gefügig mache, und sie sich später wünschen würde, es nie getan zu haben. Außerdem sei er nicht das, wonach sie sich eigentlich sehnte.

Ich gab ihr diese Affirmation mit auf den Weg, die auf das richtige Handeln abzielte:

Die unendliche Intelligenz in mir kennt meinen Wunsch nach einer Ehe. Sie weiß auch, wo der richtige Mann für mich zu finden ist. Er liebt mich so, wie ich bin, und wir werden voneinander angezogen. Ich habe keinen bestimmten Mann im Blick, weiß aber, dass der unendliche Geist uns nun gemäß der göttlichen Ordnung zusammenführt. Er bringt keine Probleme mit sich, und zwischen uns herr-

schen Liebe und Respekt. Ich weiß und glaube, dass »das Meinige zu mir kommen wird«. Es gibt keinen Wettstreit im Leben. Ich danke dem Prinzip des richtigen Handelns und weiß, dass es so kommen wird.

Sie glaubte aufrichtig an das, was sie da sagte, und sprach die Worte voller Überzeugung aus. Nach einigen Wochen machte ihr der Chef, für den sie seit fünf Jahren arbeitete, einen Heiratsantrag. Die beiden sind mittlerweile verheiratet und passen perfekt zueinander. Nach der Trauung, die ich durchführte, sagte die Frau: »Ist es nicht komisch, wie das Gebet funktioniert hat? Ich arbeite seit fünf Jahren hier im Büro, und er schien mich nie bemerkt zu haben. Es stimmt wirklich – Gebete ändern die Dinge.«

Liebt einander

Führen Sie sich jeden Abend und jeden Morgen die folgenden biblischen Wahrheiten vor Augen: *Gott ist die Liebe.* (1. Johannesbrief 4,16) – *Alles, was ihr tut, geschehe in Liebe* (1. Korintherbrief 16,14) – *Liebt einander.* (Epheserbrief 5,2) – *Wer in der Liebe bleibt, bleibt in Gott.* (1. Johannesbrief 4,16) – *Du sollst deinen Nächsten lieben wie dich selbst.* (Levitikus 19,18) – *Denn das ist die Botschaft, die ihr von Anfang an gehört habt: Wir sollen einander lieben.* (1. Johannesbrief 3,11) – *Darum hört nicht auf, einander von Herzen zu lieben.* (1. Petrusbrief 1,22) – *Die Liebe tut dem Nächsten nichts Böses. Also ist die Liebe die Erfüllung des Gesetzes.* (Römerbrief 13,10) – *Liebe Brüder, wir wollen einander lieben; denn die Liebe ist aus Gott, und jeder, der liebt, stammt von Gott und erkennt Gott. Wer nicht liebt, hat Gott nicht erkannt; denn Gott ist die Liebe.* (1. Johannesbrief 4,7f.)

Kapitel 16

Machen Sie durch Glauben das Unmögliche möglich

In der Bibel steht: *Darum sage ich euch: Alles, worum ihr betet und bittet – glaubt nur, dass ihr es schon erhalten habt, dann wird es euch zuteil.* (Markus 11,24) *Jesus sagte zu ihm: Wenn du kannst? Alles kann, wer glaubt.* (Markus 9,23)

Etwas zu glauben heißt, es als wahr zu akzeptieren. Eine große Zahl von Menschen glaubt jedoch das absolut Falsche, was dazu führt, dass sie entsprechend leiden. Wenn Sie beispielsweise glauben, dass London in Frankreich liegt, und einen Brief entsprechend adressieren, wird er verloren oder an sie zurückgehen. Denken Sie immer daran, dass man Ideen nur wirklich in sich aufnimmt, wenn man an sie glaubt. Wenn Ihnen jemand vermittelt, Sie seien dazu geboren, Erfolg zu haben und alle Probleme im Leben zu meistern, und Sie das ohne Vorbehalt akzeptieren, werden Sie wahre Wunder erleben.

Das Wunder des uneingeschränkten Glaubens

Als Alexander der Große, der mächtige König der Antike, noch ein leicht zu beeinflussender Junge war, erzählte ihm seine Mutter Olympia, er sei ein göttliches Wesen und unterscheide sich von allen anderen Kindern, weil sein Vater der Gott Zeus sei. Daher werde er alle Beschränkungen, die für normale Menschen galten, überwinden. Das glaubte der Junge und wuchs zu einem starken und mächtigen Mann heran; sein Leben war eine Aneinanderreihung von ruhmreichen Siegen. Der sogenannte göttliche Verrückte schaffte immer wieder Unvorhergesehenes und Unmögliches und war ein herausragender Krieger und Eroberer. Er hatte die Überzeugung, er sei nicht der Sohn seines menschlichen Vaters Philipp von Makedonien, zutiefst verinnerlicht.

Es heißt, dass er eines Tages seine Arme um einen wilden, unzähmbaren Hengst legte und ohne Sattel oder Zaumzeug auf dessen Rücken sprang, woraufhin das Tier so sanft wurde wie ein Lamm. Weder sein Vater noch der Stallbursche wagten das Pferd auch nur zu berühren. Doch Alexander glaubte, er sei göttlichen Ursprungs und habe die Macht über alle Tiere. Später eroberte er die damals bekannte Welt und gründete das Alexandrinische Reich. Der Legende nach weinte er, als er feststellte, dass es keine Länder mehr gab, die er noch erobern konnte.

Diese Geschichte erzähle ich hier nur, um die Macht des Glaubens zu demonstrieren. Sie gestattet uns, das sogenannte Unmögliche möglich zu machen. *Bei Gott ist alles möglich.* (Matthäus 19,26) Alexander glaubte, er verinnerlichte diesen Glauben und brachte die unendliche Macht durch seinen Geist, seinen Körper und seine Leistungen zum Ausdruck.

Das Wissen um die göttliche Natur

Sie sind ein Kind des lebendigen Gottes. In der Bibel steht: *Auch sollt ihr niemand auf Erden euren Vater nennen; denn nur einer ist euer Vater, der im Himmel.* (Matthäus 23,9) Sie sind von Gott geboren. Sie sind göttlich. Sie haben die Macht, die Fähigkeit und die Möglichkeit, göttliche Dinge zu vollbringen. Es steht geschrieben: *Ihr seid Götter, ihr alle seid Söhne des Höchsten.* (Psalm 82,6) Überlegen Sie, welch wundervolle Dinge Sie erreichen können, wenn Sie die unendliche Macht in Ihrem Inneren anrufen. Der Glaube daran, dass Sie ein Kind Gottes sind, wird alle falschen Überzeugungen und Ansichten ausräumen und Ihnen ermöglichen, hier und jetzt das Werk Gottes zu tun.

Wie Sie Ihre göttliche Natur anerkennen

Sprechen Sie regelmäßig diese Affirmation:
Ich weiß und glaube, dass ich ein Kind Gottes und mit all seinen Kräften und Eigenschaften ausgestattet bin. Ich glaube vorbehaltlos an meine göttliche Natur und akzeptiere sie als Geburtsrecht. Ich bin nach dem Bild und als Abbild Gottes erschaffen worden. Mir ist die Herrschaft über alle Dinge gegeben. Mithilfe der unendlichen Macht Gottes in mir kann ich alle Probleme und Herausforderungen meistern. Nichts ist stärker als die göttliche Macht. Ich glaube fest daran, dass ich die unendliche Heilkraft freisetzen kann, um Leiden bei mir und anderen zu lindern. Ich bin durch den Allerhöchsten inspiriert und erleuchtet. Jeden Tag kommen Gottes Liebe, Licht, Wahrheit und Schönheit besser durch mich zum Ausdruck. Gott ist mein Vater, und ich weiß, dass alles möglich ist, weil ich von ihm abstamme. Ich beschließe in diesem Augenblick, dass sein Licht in mir leuchtet und die Herrlichkeit Gottes, meines Vaters, mich durchfährt. Ich kann durch die Gottesmacht, die mir Kraft verleiht, alles erreichen.

Wiederholen Sie diese Wahrheiten, bis Sie sie verinnerlicht haben, dann werden Sie Wunder erleben.

Wie ein Priester sich selbst die Macht des Glaubens bewies

Vor einigen Monaten führte ich ein interessantes Gespräch mit einem anderen Priester. Er berichtete mir, dass sein Bruder, ein Internist und hervorragender Diagnostiker, ein Jahr zuvor zu ihm gesagt hatte: »Tom, du hast einen bösartigen Tumor.« Das sei anfangs ein großer Schock für ihn gewesen.

Er fuhr fort: »Also dachte ich darüber nach, wie ich in meinen Predigten immer erzählte, dass Gott die Liebe ist und der Glaube Berge versetze, und ich sagte mir: ›Wenn das stimmt, warum bin ich dann so verängstigt und mutlos? Könnte es sein, dass ich gar nicht richtig oder nur theoretisch an diese Wahrheiten glaube?‹ Plötzlich kam mir der Gedanke: Wenn ich wirklich gläubig war, müsste ich mir diese Wahrheiten zu Herzen nehmen und sie wirklich leben. Ich ließ die Behandlung über mich ergehen, die mein Bruder vorgeschlagen hatte. Sie war mit extremen Schmerzen verbunden und der Tumor reagierte weder auf die Strahlentherapie noch auf die Medikamente. Mein Zustand verschlechterte sich. Ich wusste, dass ich nicht richtig an die Heilkraft Gottes glaubte – dass sie für mich nicht mehr war als ein leerer Begriff. Ich schlug die Bibel auf und las: *Amen, das sage ich euch: Wenn jemand zu diesem Berg sagt: Hebe dich empor und stürz dich ins Meer!, und wenn er in seinem Herzen nicht zweifelt, sondern glaubt, dass es ge-*

schieht, was er sagt, dann wird es geschehen. (Markus 11,23)«

Der Priester stellte diesen Vers in den Mittelpunkt seiner Betrachtungen und formulierte die folgende Affirmation:

Ich glaube daran, dass dieser Bibelvers die Wahrheit enthält. Der Berg aus Angst, Sorge und Krankheit wird emporgehoben und aus der Welt geschafft. Die Krankheit verlässt mich jetzt. Ich glaube an die heilende Kraft Gottes, seine Güte und daran, dass er für mich sorgt. Ich weiß, dass mein Zustand auf negative, angstbehaftete Gedanken zurückgeht, die sich in meinem Unterbewusstsein eingenistet haben. Ich weiß, dass Gottes heilende Liebe jetzt alle negativen Muster auflöst und auslöscht, und ich danke Gott für die Heilung, die in diesem Augenblick stattfindet. Ich weigere mich, Komplikationen zuzulassen, und erfreue mich an der Wahrheit, die lautet: Denn ich bin der Herr, dein Arzt. (Exodus 15,26)

Diese Affirmation wiederholte er ständig. Wenn er Zweifel oder Angst verspürte, sagte er sich sofort: »Gott heilt mich jetzt gerade.« Nach drei Monaten waren alle Tests ohne Befund. Heute ist er wieder gesund und munter und predigt jeden Sonntag und Mittwoch in seiner Kirche.

Und alles, was ihr im Gebet erbittet, werdet ihr erhalten, wenn ihr glaubt. (Matthäus 21,22)

Der Glaube an die unendliche Heilkraft macht gesund

Im Verlauf der Jahrtausende gab es immer wieder Berichte über wundersame Heilungen. Jesus heilte die Blinden und Lahmen. Dabei war er ein Mensch wie wir alle. Der einzige Unterschied zwischen ihm und anderen Menschen bestand darin, dass er sich durch die Besinnung auf die wunderbaren Wahrheiten Gottes einen größeren Teil seiner Göttlichkeit erschlossen und ein ausgeprägtes Gespür für die Einheit mit Gott entwickelt hatte. Er sagte zu den Menschen: *Wer an mich glaubt, wird die Werke, die ich vollbringe, auch vollbringen, und er wird noch größere vollbringen.* (Johannes 14,12) Und er sagte auch: *Und durch die, die zum Glauben gekommen sind, werden folgende Zeichen geschehen: In meinem Namen werden sie Dämonen austreiben; sie werden in neuen Sprachen reden … und die Kranken, denen sie die Hände auflegen, werden gesund werden.* (Markus 16,17–18)

Die Macht zu heilen basiert auf dem Glauben daran, dass mit Gott alles möglich ist.

Wie eine Mutter das Unmögliche möglich machte

Mich rief eine Frau aus Louisiana an, deren Sohn im Krankenhaus lag. Er hatte eine schwere Gehirnblutung erlitten und rang mit dem Tod, galt als hoffnungsloser Fall. Im Gespräch mit der Frau fand ich heraus, dass sie tief religiös war. Ich fragte: »Glauben Sie daran, dass die unendliche Heilkraft, die sein Gehirn und seinen Körper erschaffen hat, ihn auch heilen und gesund werden lassen kann?« Sie antwortete: »Ich glaube, was die Bibel sagt: *Denn ich lasse dich genesen und heile dich von deinen Wunden.* (Jeremia 30,17)«

Wir beteten gemeinsam am Telefon und waren uns einig, dass die unendliche Heilkraft wusste, wie das Gehirn des jungen Mannes zu heilen war, ebenso wie seine anderen Organe. Wir verfügten, dass er von einer Atmosphäre der Liebe, des Friedens und der Harmonie umgeben sei und dass alle Ärzte und das Pflegepersonal bei all ihren Taten von Gott angeleitet würden. Ich riet der Frau, sich vorzustellen, wie ihr Sohn wieder zu Hause sei und zu ihr sagte: »Mutter, es ist ein Wunder geschehen. Ich bin komplett geheilt.«

Die Mutter betete also weiter und glaubte daran, dass die Heilkraft Gottes ihren Sohn wiederherstellen würde. Sie malte sich beständig aus, wie er lächelnd und glücklich zu Hause war. Wenn sie Angst oder Sorge beschlich, sagte sie sich sofort: »Ich glaube, ich glaube, ich glaube, dass die unendliche Heilkraft jetzt ein Wunder bewirkt.« Der junge Mann ist heute wieder gesund und munter.

Niemand weiß genau, wie die heilende Macht funktioniert, ebenso wenig, wie ich oder sonst irgendjemand weiß, wie aus einem Samen ein Mammutbaum wächst. Die Frau war absolut überzeugt davon, dass es eine unendliche Intelligenz gibt, die den Körper ihres Sohnes heilen und wiederherstellen konnte. Ihr Blick reichte über das äußere Erscheinungsbild hinaus, und sie machte das Unmögliche möglich.

Überzeugungen unter der Lupe

Wenn Sie Ihre Überzeugungen einer Überprüfung unterziehen wollen, fragen Sie sich: »Existiert das, was ich mir wünsche, für mich bereits?« Glauben Sie daran, dass Sie tolle Freunde und Partner haben können? Glauben Sie, dass die finanziellen Mittel, die Sie benötigen, im universellen Plan aller Dinge für Sie bereitstehen? Glauben Sie daran, dass Sie eine Bestimmung im Leben haben? Glauben Sie, dass Gott Ihnen ein Leben in Fülle, mehr Glück, Frieden, Freude, Wohlstand und Gesundheit zugedacht hat? Wenn Sie all diese Fragen mit Ja beantworten und glauben und erwarten, dass Ihnen das Beste im Leben zuteilwird, dann geschieht das auch.

Falsche Ansichten über Fülle im Leben

Viele Menschen glauben, dass Wohlstand, Glück und Fülle nicht für sie, sondern nur für andere erreichbar sind. Das ergibt sich aus einem Gefühl der Minderwertigkeit oder der Zurückweisung. Dabei ist kein Mensch mehr oder weniger wert als andere. Jeder ist ein Gott, zumindest im Keim: *Ihr seid Götter, ihr alle seid Söhne des Höchsten.* (Psalm 82,6)

Herkunft und Erziehung stellen keine Einschränkung dar. Es gibt Tausende Menschen, die sich darüber erhoben haben und weit aus der Menge herausragten, obwohl sie nicht mit einem silbernen Löffel im Mund geboren wurden. Abraham Lincoln erblickte in einem Blockhaus das Licht der Welt, Jesus war der Sohn eines Zimmermanns, der große Wissenschaftler George Carver kam als Sklave zur Welt. Gottes Freigebigkeit kennt keine Grenzen, sie ist unabhängig von der Herkunft oder der Hautfarbe.

Wie ihr geglaubt habt, so soll es geschehen. (Matthäus 9,29) Wenn Sie wissen, dass das Gesetz des Geistes nicht auf die Person sieht, sondern stets auf Ihren Glauben reagiert, und Sie dennoch nicht davon überzeugt sind, dass Ihnen Ihr Herzenswunsch zusteht, können Sie auch nicht davon ausgehen, dass er sich erfüllen wird.

Sie haben das Recht, an ein Leben voller Freude und Reichtum zu glauben

Gott, das kosmische Gute, hat Ihnen großzügig seine Gaben zuteilwerden lassen, damit Sie sich daran erfreuen; Sie sind hier auf der Welt, um ihn zu preisen und sein Werk zu genießen. Sie haben absolut das Recht dazu, sich selbst zu Gutem zu verhelfen, solange Ihr Motiv uneigennützig ist und Sie allen anderen Menschen das Gleiche wünschen wie sich selbst. Ihr Wunsch nach Gesundheit, Glück, Frieden, Liebe und Fülle kann niemandem schaden. Sie haben das Recht auf eine gute Arbeitsstelle mit einem großzügigen Einkommen, sollten aber nicht die Position eines anderen begehren. Die unendliche Gegenwart kann Sie zum richtigen Job führen, mit einem Einkommen, das Ihrer Rechtschaffenheit und Aufrichtigkeit entspricht.

Glauben Sie daran, dass Ihnen das Gute, worauf Sie aus sind, zusteht, und unternehmen Sie alles, was möglich ist, um es zu erlangen, dann wird es auch eintreten. Sie wollen nicht das, was ein anderer gerade genießt. Gottes unendliche Reichtümer sind allen zugänglich. Wie das Leben reagiert, hängt von Ihrer Überzeugung und Ihrer Anwendung der Prinzipien ab.

Man erhält, was man glaubt

Alles, was Sie erleben und erfahren, erwächst aus dem, was Sie glauben. Ursache und Wirkung sind untrennbar miteinander verbunden. In allen Phasen Ihres Lebens finden Ihre Denkgewohnheiten eine Ausdrucksform im realen Leben. Glauben Sie daran, dass Sie über einen stillen Partner verfügen, der Sie tröstet, Sie leitet und Ihnen eine Tür offen hält, die niemand schließen kann. Leben Sie in freudiger Erwartung des Besten, dann wird das Beste auch unweigerlich eintreffen.

Erklären Sie jeden Morgen nach dem Aufwachen ruhig und liebevoll:
Dies ist der Tag, den der Herr gemacht hat. Ich werde mich daran erfreuen und glücklich sein. Mir werden heute Wunder widerfahren. Ich werde tolle neue Kontakte knüpfen. Ich werde wunderbare und interessante Menschen kennenlernen. Ich werde alle meine Aufgaben gemäß der göttlichen Ordnung erledigen und Großes schaffen. Mein stiller Partner enthüllt mir neue und bessere Wege, um meine Aufgaben zu erfüllen. Ich weiß, dass die unendliche Macht keine Hindernisse, keine Barrieren kennt. Ich glaube, dass Gott mein Leben reicher macht, als ich es mir je erträumt hätte. Ich weiß und glaube: Alles kann, wer glaubt. (Markus 9,23)

Wie ein zahlungsunfähiger Mann sein Leben zum Guten wendete

Vor einiger Zeit sprach ich mit einem Mann, der bankrottgegangen war. Er war niedergeschlagen und deprimiert. Darüber hinaus hatte seine Frau die Scheidung eingereicht und die Kinder hatten den Kontakt abgebrochen. Er meinte, die Frau habe sie gegen ihn aufgebracht. Er glaubte nicht an Gott und war am Ende seiner Kräfte.

Ich machte ihn darauf aufmerksam, dass die Erde auch dann noch rund sei, wenn er glaube, sie sei flach. Es gäbe eine unendliche Intelligenz im Inneren des Menschen, ob er nun daran glaubte oder nicht. Ich schlug ihm vor, zehn Tage lang eine Affirmation auszuprobieren und danach erneut zu mir zu kommen. Die Affirmation lautete:

Ich glaube, dass Gott existiert und dass Gott die unendliche Kraft ist, die die Welt bewegt und alles erschaffen hat. Ich glaube, dass diese unendliche Macht in mir wohnt. Ich glaube, dass Gott mich leitet. Ich glaube, dass Gottes Reichtum mir in Form von Lawinen der Fülle zuströmt. Ich glaube, dass Gottes Liebe mein Herz und den Geist und die Herzen meiner beiden Söhne füllt. Ich glaube, dass wir durch die Bande der Liebe und des Friedens vereint sind. Ich glaube an einen großen Erfolg. Ich glaube, dass ich glücklich, fröhlich und frei bin. Ich glaube, dass Gott immer erfolgreich ist, und da Gott erfolgreich ist und in mir wohnt, habe auch ich Erfolg in Hülle und Fülle. Ich glaube, ich glaube, ich glaube.

Ich riet ihm, diese Wahrheiten jeden Morgen, Nachmittag und Abend fünf Minuten lang laut auszusprechen. Er willigte ein, doch am zweiten Tag rief er mich an und sagte: »Ich glaube kein Wort von dem, was ich da sage. Ich leiere es nur herunter, es hat keine Bedeutung für mich.« Ich wies ihn an, die mentale Übung trotzdem fortzusetzen. »Die schlichte Tatsache, dass Sie damit angefangen haben, die spirituelle Affirmation auszusprechen, ist ein Hinweis auf einen Glauben, so klein wie das Senfkorn, das in der Bibel erwähnt wird. Wenn Sie nicht aufgeben, werden Sie Berge aus Angst, Mangel und Frust versetzen können.«

Nach Ablauf der zehn Tage kehrte der Mann strahlend und glücklich zu mir zurück. Seine beiden Söhne hatten ihn besucht, es war zu einer fröhlichen Versöhnung gekommen. Durch seine neuen Denkmuster hatte er ein kleines Vermögen im Lotto gewonnen und konnte dadurch wieder ins Geschäft einsteigen. Er hatte entdeckt, dass die unendliche Macht auch bei ihm wirkte.

Ich hatte gewusst, dass sich die Worte des Gebets, auch wenn sie ihm zu Beginn nichts bedeuteten, durch die häufige Wiederholung in seinem Unterbewusstsein festsetzen und zu einem Teil seiner Persönlichkeit werden würden.

Das sage ich euch: Wenn euer Glaube auch nur so groß ist wie ein Senfkorn, dann werdet ihr zu diesem Berg sagen: Rück von hier nach dort!, und er wird wegrücken. Nichts wird euch unmöglich sein. (Matthäus 17,20)

Kapitel 17

Sorgen Sie durch die unendliche Macht für harmonische Beziehungen

Dieses Kapitel schreibe ich auf der wunderschönen Insel Maui, die zur Inselkette Hawaii gehört. Die Menschen hier sagen: »Niemand hat wirklich gelebt, bevor er Hawaii gesehen hat.« Eine der herausragenden Sehenswürdigkeiten Mauis ist der Haleakala, das »Haus der Sonne«, ein erloschener Vulkan, der sich über 3000 Meter in die Höhe erhebt. Von dort oben bieten sich ein atemberaubendes Panorama und ein Einblick in das ruhige Leben der Ureinwohner Hawaiis, die ihre Nahrung aus dem Meer fischen und Taro-Felder bestellen, wie es schon ihre Vorfahren taten. Auf Hawaii trifft man Menschen ganz unterschiedlicher Ethnizitäten und Glaubensrichtungen an, die harmonisch und friedlich zusammenleben und den Sonnenschein der Liebe Gottes genießen. Der Fahrer, der mich vom Flughafen ins Hotel brachte, erzählte mir, dass seine Vorfahren irischer, portugiesischer, deutscher, japanischer und chinesischer Herkunft seien. Er wies mich darauf hin, dass hier schon seit Generationen Ehen zwischen verschiedenen Ethnien geschlossen würden und es keine Rassenprobleme gäbe.

Wie man mit anderen zurechtkommt

Einer der Hauptgründe dafür, warum manche Männer und Frauen im Leben nichts erreichen, ist ihre Unfähigkeit, mit anderen Menschen zurechtzukommen. Sie ecken überall an. Oft ist es wichtigtuerisches Verhalten, das sie taktlos und beleidigend erscheinen lässt. Doch am besten kommt man mit anderen Menschen aus, wenn man die Göttlichkeit im anderen begrüßt und anerkennt, dass jeder Mann und jede Frau eine Verkörperung der gesamten Menschheit darstellen. Jeder Mensch, der auf Erden wandelt, ist ein Sohn oder eine Tochter des lebendigen Gottes, und wenn wir die Göttlichkeit in uns respektieren und würdigen, respektieren und würdigen wir automatisch auch die Gegenwart Gottes in der anderen Person.

Wie ein Kellner sich selbst beförderte

In einem der vielen Hotels am Kaanapali-Strand auf Maui führte ich ein interessantes Gespräch mit einem Kellner. Er erzählte mir, dass jedes Jahr ein exzentrischer Millionär vom Festland ins Hotel komme, der keinem Kellner und keinem Pagen ein Trinkgeld gab. Der Mann war stets ungehobelt, unhöflich und einfach grantig. Er war mit nichts zufrieden, beschwerte sich ständig über das Essen und den Service und schnauzte alle an, die ihn bedienten. Der Kellner sagte zu mir: »Ich erkannte, dass es sich um einen kranken Mann handelte. Unser Kahuna sagt, Männer, die sich so verhalten, werden innerlich von etwas zerfressen, also beschloss ich, den Gast mit Freundlichkeit zu überschütten.«

Eine spezielle Technik, die Wunder wirkte

Der Kellner trat dem Mann gegenüber also stets höflich, freundlich und respektvoll auf und sagte sich dabei immer wieder: »Gott liebt ihn. Ich sehe Gott in ihm und er sieht Gott in mir.« So ging es etwa einen Monat lang, bis der exzentrische Millionär zum ersten Mal sagte: »Guten Morgen, Toni. Was macht das Wetter? Du bist der beste Kellner, den ich je hatte.« Toni erzählte mir: »Ich wäre fast umgefallen – ich hatte mit einem Knurren gerechnet und bekam ein Kompliment. Er gab mir einen 500-Dollar-Schein.« Das war das Abschiedstrinkgeld des schwierigen Gastes, der auch noch dafür sorgte, dass Toni später als Assistent der Geschäftsführung in ein großes Hotel in Honolulu wechselte, in das der Millionär investiert hatte.

Wie gut ist doch ein Wort zur rechten Zeit! (Sprüche 15,23)

Jedes Wort ist Ausdruck eines Gedanken. Die Worte (Gedanken) dieses Kellners richteten sich an die Seele (das Unterbewusstsein) des mürrischen, streitlustigen Gastes, sie brachten das Eis in seinem Herzen zum Schmelzen und irgendwann reagierte er voller Liebe und Freundlichkeit.

Toni bewies, dass es sich auf wunderbare Weise spirituell und materiell auszahlt, wenn man die Gegenwart Gottes im Gegenüber sieht und an dieser ewigen Wahrheit festhält.

»Alles verstehen heißt alles vergeben«

Dieses alte Sprichwort enthält eine tief reichende Wahrheit. Das ergab auch ein interessantes Gespräch mit einer Hoteldirektorin hier in Maui. Sie berichtete mir, dass ein Gast einmal auf den Satz »Ist das nicht ein wundervoller Tag heute?« antwortete: »Was soll daran denn gut sein? Ich finde das Wetter furchtbar und es gibt hier nichts, was mir gefällt.« Sie habe gewusst, fügte sie hinzu, dass dieser Gast emotional verwirrt war und von einem irrationalen Gefühl angetrieben wurde. Daraufhin habe sie sich an etwas erinnert, was ein Dozent während ihres Psychologiestudiums an der University of Hawaii in Honolulu gesagt hatte: »Wir empfinden keinen Ärger und keine Ablehnung gegenüber Menschen, die beispielsweise einen Buckel haben oder unter einer angeborenen Entstellung leiden, und genauso wenig sollten wir uns an Menschen stören, die emotional eingeschränkt sind oder von einem geistigen Leiden heimgesucht werden. Man sollte Mitleid mit ihnen haben. Wenn man Verständnis für das Chaos in ihrem Kopf aufbringt, ist es leichter, darüber hinwegzusehen und ihnen zu vergeben.«

Verständnis macht immun gegen Unmut

Die junge Frau ist freundlich, umgänglich und liebenswert, und anscheinend kann sie nichts und niemand verärgern. Sie hat sich eine Art göttliche Immunität aufgebaut, weil ihr absolut klar ist, dass niemand sie verletzen kann – außer sie selbst (nämlich durch ihre eigenen Gedanken, die vollständig unter ihrer Kontrolle stehen). Das bedeutet, dass sie – wie jeder andere Mensch auch – darüber bestimmt, ob sie ihrem Gegenüber wohlwollend oder ablehnend entgegentritt. Sie hat sich für das Wohlwollen entschieden.

Wie das Unterbewusstsein eines Musikers ein Wunder bewirkte

Ein junger Musiker, der jeden Abend mit einem Streichinstrument auftrat, um sich so das Jurastudium an der University of Hawaii zu finanzieren, erzählte mir, dass er Probleme mit manchen seiner Dozenten habe und dadurch bei einigen schriftlichen und mündlichen Prüfungen plötzlich alles vergäße, was er gelernt hatte. Er war nervös und aufgebracht. Ich erklärte ihm, dass alles, was er je gelesen und gehört hatte, im Unterbewusstsein abgespeichert sei, es aber vorkäme, dass dieses Wissen nicht an die Oberfläche aufsteigen könne, wenn das Bewusstsein sich verkrampft.

Daraufhin meditierte er jeden Abend und jeden Morgen mithilfe der folgenden Affirmation:
Die unendliche Intelligenz in meinem Unterbewusstsein enthüllt mir alles, was ich wissen muss. Gott leitet mich durch mein Studium. Ich strahle Liebe und Wohlwollen meinen Dozenten gegenüber aus und habe mich mit ihnen versöhnt. Ich bestehe alle Prüfungen gemäß der göttlichen Ordnung.

Drei Wochen später erhielt ich einen Brief von ihm, in dem er schrieb, er habe die Nachprüfungen hervorragend bestanden und seine Beziehung zu den Professoren sei nun exzellent.

Durch die Wiederholung der Affirmation hatte sich die Vorstellung, dass alles Wissen, das er benötigte, in seinem Kopf vorhanden war, ins Unterbewusstsein eingeprägt. Die Dozenten spürten das Wohlwollen und die positiven Emotionen, die er ausstrahlte, was für harmonische Beziehungen sorgte.

Wie ein Arzt seine lähmende Wut loswurde

Der Krater des Haleakala, einst eine glühende, klaffende Senke, ist heute nur noch ein abgekühltes, von Kegeln durchsetztes Überbleibsel des ehemals überaus aktiven Vulkans. Gemeinsam mit mir war eine Gruppe von

Menschen dort, die aus ganz unterschiedlichen Regionen der Welt stammten, unter anderem aus Denver, Pittsburgh, Stockholm und Australien. Auf dem Hinweg saß ich neben einem australischen Arzt und seiner Frau im Wagen. Er erzählte mir, dass seine Eigenschaft, zu hart über Menschen zu urteilen, in seinem Leben schon für Katastrophen gesorgt habe, die zu ähnlichen Verheerungen geführt hatten wie die vulkanische Aktivität, auf die wir hier blickten.

Zusammengefasst lässt sich sagen, dass er dazu neigte, über Zeitungsartikel in rasende Wut zu verfallen. Dann schrieb er giftige, rachsüchtige und beißende Briefe an Politiker, Firmenchefs und andere. Der Aufruhr und der Druck in seinem Inneren hatten sich schon in Form von zwei schweren Herzinfarkten und einem leichteren Schlaganfall Bahn gebrochen.

Er hatte sich von diesen körperlichen Vulkanausbrüchen erholt und erkannt, dass die Verantwortung dafür bei ihm selbst lag. Noch im Krankenhaus gab ihm eine Pflegekraft den 91. Psalm zu lesen und sagte: »Dies ist die Medizin, die Sie brauchen.« Er begann, sich auf die Worte einzulassen, und langsam drang die Bedeutung in seine Seele (sein Unterbewusstsein) vor. Er erzählte mir, dass er nun schon vor langer Zeit gelernt habe, sich anzupassen und anzuerkennen, dass alle Menschen unterschiedlich sind und die Welt mitsamt ihren unvollkommenen menschlichen Bewohnern die Perfektion Gottes anstrebt.

Was es heißt, sich selbst treu zu sein

Der Arzt hatte gelernt, wie es so schön heißt, seinem göttlichen Selbst treu zu sein und diese Göttlichkeit auch in anderen zu respektieren. Shakespeare schrieb: »Sei dir selbst treu, und draus folgt so gewiss wie Nacht dem Tag, dass du nicht falsch sein kannst zu irgendwem.«[8] Der Arzt hatte gelernt, dass Verständnis Vergebung ist. Er hat immer noch etwas gegen falsche Überzeugungen, aber nicht mehr gegen die Menschen, die sie aussprechen. Er ist nun den Wahrheiten Gottes und den ewigen Prinzipien treu.

Wie ein Mann, der Gott zürnte, etwas über zwischenmenschliche Beziehungen lernte

Ein Mann, den ich einst beim Schwimmen im Meer hinter meinem prächtigen Hotel in Maui kennenlernte, sagte zu mir: »Ich bin hier, um allem anderen zu entfliehen.« Dann kritisierte er die Mitarbeiter seiner Firma und die Regierung; sogar gegen Gott schien er einen Groll zu hegen. Seine Worte lauteten, es würde ihm wohl besser gehen, wenn Gott ihn einfach in Frieden ließe.

Dann fragte er mich: »Was kann ich tun, um besser mit diesen furchtbaren Menschen zurechtzukommen?« Ich meinte zu ihm, Studien hätten ergeben, dass die Probleme, die manche Leute mit ihren Mitmenschen hätten, daraus resultierten, dass sie nicht bei sich selbst nach dem Grund suchten. Der erste Schritt bestände darin, sich mit der eigenen komplizierten Persönlichkeit auszusöhnen. Ich wies ihn darauf hin, dass ein Großteil seiner Schwierigkeiten mit seinen Angestellten und Geschäftspartnern auf ihn selbst zurückzuführen sei und der Beitrag der anderen dabei nur zweitrangig sei.

Der Mann gab zu, dass in ihm eine verborgene Wut und Feindseligkeit schwelte und dass er schwer enttäuscht worden sei, was seine Pläne und Ziele im Leben anging. Doch nun erkannte er, dass dieser unterdrückte Zorn für latente Ablehnung und Verärgerung in seinem Umfeld sorgte und er an den Reaktionen seiner Mitmenschen litt, die er selbst verursacht hatte. Er stellte fest, dass die Feindseligkeit, die er bei Geschäftspartnern und Mitarbeitern bemerkt hatte, größtenteils ein Spiegelbild seiner eigenen Stimmung war.

Ich gab ihm eine spirituelle Affirmation an die Hand, die er regelmäßig und voller Überzeugung wiederholen sollte:

Ich weiß, dass es ein Gesetz von Ursache und Wirkung gibt, und die Stimmung, die von mir ausgeht, kehrt in Gestalt der Reaktionen der Menschen in meinem Umfeld und meiner Erlebnisse und Erfahrungen zu mir zurück. Mir ist bewusst, dass meine innere Unruhe und mein Zorn bei anderen Männern, Frauen und sogar bei Tieren unangenehme Verhaltensweisen und Wut auslösen. Ich weiß, dass alles, was mir widerfährt, dem entspricht, was sich in mei-

nem Bewusstsein oder Unterbewusstsein abspielt, denn so, wie ich denke und fühle, so bin ich auch, es prägt mein Auftreten, meine Erfahrungen und mein Verhalten.

Ich verabreiche mir diese spirituelle Medizin viele Male täglich. Ich denke, spreche und handle aus meinem göttlichen Zentrum heraus. Ich strahle Liebe, Frieden und Wohlwollen gegenüber allen Menschen in meiner Umgebung und auf der ganzen Welt aus. Das Unendliche in mir liegt in lächelnder Ruhe da. Frieden ist die Macht Gottes, und sein Fluss des Friedens durchströmt meinen Geist, mein Herz und mein ganzes Wesen. Ich bin eins mit dem unendlichen Frieden Gottes. Mein Geist ist ein Teil des Geistes Gottes, und was für Gott wahr ist, ist auch für mich wahr.

Ich erkenne und weiß, dass kein Mensch, Ort oder Gegenstand auf der Welt die Macht hat, mich zu verärgern, mich aufzubringen oder wütend zu machen, wenn ich nicht einwillige. Meine Gedanken sind kreativ, und ich weise bewusst und wissentlich alle negativen Ansichten und Einflüsterungen zurück. Ich lege fest, dass Gott mich leitet, er ist mein Ratgeber und wacht über mich. Ich weiß, dass er mein wahrer Arbeitgeber ist und ich für ihn arbeite.

Mein wahres Ich ist Gott und kann nicht verletzt, verdorben oder hintertrieben werden. Mir ist bewusst, dass ich vor allem durch mich selbst verletzt wurde, durch meine kritische Einstellung, die Verachtung und Erniedrigung meiner selbst. Ich wünsche allen Menschen alles Gute, Lie-

be und Freude und weiß, dass mir an jedem Tag Güte, Wahrheit und Schönheit gewiss sind, da ich für immer im Haus Gottes lebe.

Drei Wochen vergingen, dann schrieb er mir und berichtete, dass die Wiederholung dieser geistigen und spirituellen Gesetze den blubbernden, kurz vor dem Überkochen stehenden Kessel in seinem Inneren durch Ruhe, Gelassenheit und ein Gefühl der Unerschütterlichkeit ersetzt habe.

Eine nützliche Philosophie für den Umgang mit Menschen

In Hawaii führte ich ein interessantes Gespräch mit einem japanischen Geschäftsmann, dessen Philosophie lautete:

Ich bin seit 50 Jahren im Geschäft und bin viel durch die Welt gereist. Ich habe gelernt, dass die Menschen im Allgemeinen gut und ehrlich sind. Ich nehme sie so, wie sie kommen. Jeder ist anders: Es gibt unterschiedliche Ausbildungsformen und Lebensumstände, unterschiedliche Bräuche und religiöse Überzeugungen, und ein jeder ist ein Ergebnis seiner Erziehung, Bildung und Denkgewohnheiten.

Ich weiß, dass es nichts bringt, sich über Leute zu beklagen oder wütend auf Kunden zu sein – das ändert sie nicht. Mich berührt das nicht weiter, ich lasse mich von niemandem aus der Ruhe bringen. Ich betrachte sie voller Wohlwollen und ziehe weiter.

Eine Liste unbezahlter Rechnungen

Er zeigte mir eine Liste mit zehn Kunden, die ihm große Beträge schuldeten und mehrere Mahnungen ignoriert hatten. Er sagte: »Ich bete für jeden von ihnen, morgens und abends, und glaube dabei fest daran, dass Gott in jeder Hinsicht für ihr Wohlergehen sorgt, sie leitet und das Gute in ihnen fördert. Ich bete, dass jeder von ihnen seine Rechnungen voller Freude bezahlt und ein in jeder Hinsicht ehrlicher, aufrichtiger und gesegneter Mensch ist. Ich habe vor einem Monat damit angefangen, und bisher haben acht der Kunden mir das Geld überwiesen und sich für die Verzögerung entschuldigt. Bei zweien habe ich noch nichts bewirkt, aber ich weiß, dass auch sie zahlen werden.«

Er hatte entdeckt: Wenn er seine Einstellung den säumigen Kunden gegenüber änderte, änderten sie sich auch.

Der Schlüssel zu glücklichen Beziehungen

Behandeln Sie andere Menschen mit Respekt. Würdigen und begrüßen Sie das Göttliche in ihnen. Strahlen Sie allen Menschen gegenüber Liebe und Wohlwollen aus.

Machen Sie sich bewusst, dass niemand, dem es rundherum gut geht, sich streitlustig, feindselig und mürrisch verhält. Führen Sie sich vor Augen, dass bei solchen Menschen ein mentaler Konflikt vorliegen muss. Wie der Kahuna sagte: »Etwas frisst sie von innen auf.« Sie leiden psychische Qualen.

Gott ist Ihr wahres Selbst. Es kann nicht verletzt, verdorben oder hintertrieben werden. Wenn Sie in Ihrem Leben mit schwierigen Menschen zu tun haben, geben Sie sie in Gottes Hände und lassen Sie ihn für sie sorgen. Dann werden Sie sich auf grünen Auen und am Ruheplatz am Wasser wiederfinden.

Kapitel 18

Nutzen Sie die Vorteile des Reisens mit Gott

Vor Kurzem unternahm ich eine Vortragsreise durch Europa, mit Stationen in Portugal, Frankreich, England und Irland. Auf der Reise von Kalifornien Richtung Osten traf ich im Flugzeug einen alten Freund, Jack Treadwell, den Verfasser des Buches *Die Gesetze des mentalen Magnetismus*. Er erzählte mir von einem älteren Mann in dem Hotel, in dem er übernachtete, der unter starker Arthritis litt. Diesem hatte er eine Affirmationstherapie vorgeschlagen und ihm dafür den folgenden Satz an die Hand gegeben:

Gottes Heilkraft verwandelt nun jedes Atom meines Körpers, so wie es Gottes Plan von Gesundheit, Schönheit und Vollkommenheit entspricht.

Diese Worte wiederholte der Mann jeden Tag 10 bis 15 Minuten lang. Nach einem Monat lief er fröhlich und unbeschwert herum. Die Kalkablagerungen, die für die Arthritis gesorgt hatten, waren verschwunden. Der Mann hatte sich entschieden, geistig, spirituell und körperlich mit Gott zu reisen.

Diese Heilung ist kein medizinisches Wunder. Die unendliche Heilkraft, die den Körper des Mannes auch schon erschaffen hatte, steckte immer schon in ihm, doch er hatte sie nicht genutzt. Jack Treadwell hatte ihm beigebracht, diese Gabe Gottes zu aktivieren. Das ist auch gemeint, wenn es in der Bibel heißt: *Darum rufe ich dir ins Gedächtnis: Entfache die Gnade Gottes wieder, die dir … zuteilgeworden ist.* (2. Timotheusbrief 1,6) Wer mit Gott geht, spricht und reist, sorgt dafür, dass sich im Körper, Geist und den Lebensumständen alles auflöst, was nicht Gott entspricht.

Wie man mit Gott reist

Immer wenn ich in Urlaub fahre oder eine Vortragsreise mache, wiederhole ich:

Meine Reise ist Gottes Reise, alle seine Wege sind mir angenehm und alle Pfade Pfade des Friedens. Ich reise unter seiner Leitung, geführt durch den Heiligen Geist. Mein Weg ist die Königsstraße der Antike, der Mittlere Weg Buddhas, das enge Tor Jesu, der Königsweg, denn ich bin der König all meiner Gedanken, Gefühle und Emotionen. Ich schicke meine Botschafter namens Gottes Liebe, Frieden, Licht und Schönheit voraus, damit sie dafür sorgen, dass meine Reise geradlinig, angenehm, fröhlich und glücklich verläuft. Ich reise stets mit Gott und treffe überall seine Botschafter des Friedens und der Freude. Ich weiß, wenn ich den Blick auf Gott gerichtet halte, wird sich mir nichts Böses in den Weg stellen.

In Flugzeugen, Bussen, Zügen, Autos und zu Fuß bin ich immer von Gottes Macht umgeben. Sie wirkt wie eine unsichtbare Rüstung, und ich gelange frei, fröhlich und voller Liebe von einem Punkt zum anderen. Der Geist Gottes ist mit mir und verwandelt alle Wege am Himmel über mir oder auf der Erde unter mir in Straßen für Gott. Es ist wunderbar!

Ein wirksames Mittel

Die oben stehende Affirmation habe ich Hunderten Menschen mitgegeben, die weite Reisen vor sich hatten, und sie alle sind sicher ans Ziel gelangt, weil sie ihren Geist und ihr Herz mit diesen Wahrheiten getränkt haben, die sich ins Unterbewusstsein einprägen und dort für die entsprechende Reaktion sorgen. *Dein Glaube hat dir geholfen. Geh in Frieden!* (Lukas 7,50)

Können Sie an Wunder glauben?

Meine erste Station nach New York war Lissabon. Portugal ist ein Land, das von zerklüfteten Gebirgen, sanften Hügellandschaften, Korkeichenwäldern und Dörfern aus dem 13. und 14. Jahrhundert geprägt ist. Ich mietete ein Auto, engagierte einen Fremdenführer und machte mich gemeinsam mit einer Nichte aus Liverpool zum Heiligtum von Fátima auf. Der Mann erzählte uns die Geschichte von Fátima: Am 13. Mai 1917 ist die Jungfrau

Maria hier drei Kindern erschienen. Sie hießen Lucia, Francisco und Jacinta und nahmen an jenem Tag plötzlich einen hellen Blitz wahr. Als sie sich umschauten, entdeckten sie auf einem Baum die heilige Jungfrau, die heller strahlte als die Sonne. Lucia fragte sie, wer sie sei, und die Antwort lautete: »Ich komme vom Himmel. Kehrt sechsmal jeweils am 13. Tag jedes Monats zur selben Zeit hierher zurück.«

Als die Kinder davon erzählten, wurden sie gescholten und als Lügner beschimpft, doch es gab auch Tausende Menschen, die ihnen glaubten. Aber nur die drei konnten die Jungfrau sehen. Am Ort ihres Erscheinens sind seitdem viele Kranke wieder gesund geworden, es haben wahre Wunderheilungen stattgefunden.

Die letzte Erscheinung Marias fand am 13. Oktober statt. Es regnete, als ein leuchtender Blitz ihr Eintreffen verkündete. Sie sagte voraus, dass der Krieg, der zu der Zeit seit drei Jahren herrschte, bald enden werde, und äußerte noch weitere Prophezeiungen. Unser Fremdenführer meinte, dass an jenem Tag rund 40.000 Menschen den Tanz der Sonne erlebten: Der Regen hatte schlagartig aufgehört und die Sonne war plötzlich von einer strahlenden Krone umgeben, drehte sich und wirbelte wie ein Feuerwerkskörper am Himmel entlang, woraufhin alle Anwesenden auf die Knie fielen.

Ein Heilungserlebnis

Wir besuchten die Erscheinungskapelle in Fátima. Dort deutete der Fremdenführer auf eine Frau, deren rechtes Bein gelähmt war. Sie ging auf Krücken und wurde von ihrem Sohn begleitet. Ihr Gebet, das unser Begleiter uns aus dem Portugiesischen übersetzte, lautete: »Wenn ich dort niederknie, wo die Jungfrau erschien, werde ich geheilt sein, Gott sei gepriesen.« Wir sahen zu, wie sie sich auf ein Knie hinunterließ, den Rosenkranz in der Hand. Sie betete inniglich zur Jungfrau, und nach etwa einer Viertelstunde konnten wir beobachten, wie sie aufstand und einfach so aus der Kapelle hinausging, mit Freudentränen in den Augen. In der Bibel steht: *Alles kann, wer glaubt.* (Markus 9,23)

Wunder und ihre Bedeutung

Wunder sind keine Verstöße gegen die natürliche Ordnung. Sie sind kein Beweis des Unmöglichen, sondern dessen, was möglich ist, und geschehen, wenn man ein höheres Gesetz zum Tragen bringt als die, die den Menschen vor dem Eintreten des Wunders bekannt waren.

Der Grund für die Heilung

Die Frau in der Kapelle wurde durch ihren Glauben und ihre Erwartung geheilt. Sie war fest davon überzeugt gewesen, dass sie geheilt werden könnte, wenn sie nur an den Ort gelangte, an dem in ihren Augen die Jungfrau erschienen war. Dieser Glaube setzte die Heilkraft ihres

Unterbewusstseins frei. Das Gesetz des Lebens ist das Gesetz des Glaubens, und Glauben ist zusammengefasst nichts anderes als ein Gedanke in unserem Kopf. Etwas zu glauben heißt, es als wahr zu akzeptieren. Was Ihr vernunftbegabtes Bewusstsein für wahr hält, erzeugt eine entsprechende Reaktion des Unterbewusstseins, das eins ist mit der unendlichen Intelligenz. Der Glaube der Frau heilte sie.

Die unendliche Heilkraft und wie man sie nutzt

Wahre spirituelle Heilungen sind keine Zauberei; sie haben nichts damit zu tun, Zauberstäbe zu schwingen, Schreine zu besuchen, Reliquien zu berühren, in bestimmtem Wasser zu baden oder die Knochen eines Heiligen zu küssen, sondern basieren auf der Verbindung eines Menschen zur ihm innewohnenden unendlichen Heilkraft, die ihn und alle Dinge auf der Welt erschaffen hat.

Spirituelle Heilungen und Wunderheilungen sind nicht das Gleiche

Wunderheiler sind Menschen, die ohne jedes Wissen über die Macht des Bewusstseins und des Unterbewusstseins heilen. Eine solche Person mag behaupten, dass sie über eine magische Gabe verfüge, und der blinde Glaube des Kranken an diese Fähigkeit kann zu den erwünschten Ergebnissen führen.

Der spirituelle Heiler hingegen weiß, was er tut und warum er es tut. Er vertraut auf das Gesetz der Heilung. Das Gesetz des Geistes besagt, dass alles, was wir unserem Unterbewusstsein einprägen, auch im äußerlichen Leben eintreffen wird.

Die Bedeutung der Marienerscheinung

Der Name der Jungfrau lautet Maria, und das lateinische Wort »mare« bedeutet »Meer«. In vielen Sprachen bedeutet das Wort für Jungfrau »Reinheit« (beispielsweise »virgin« im Englischen), »Jungfrau Maria« steht also für »das reine Meer«. Maria verkörpert die feminine Seite Gottes. Dieser Aspekt findet sich auch in antiken Gottheiten und Persönlichkeiten wieder, zum Beispiel Isis, deren Schleier kein Mann lüften konnte, Sophia, wie sie die Perser kannten, und Diana bei den Ephesern. Weitere Namen lauten Ištar, Astarte, Mylitta und Maya, die Mutter Buddhas. Die Bezeichnung »Mutter Gottes« ist irreführend. Natürlich hat Gott weder Vater noch Mutter. Gott ist das Lebensprinzip, das nie geboren wurde und nie stirbt. »Mutter Gottes« bezieht sich darauf, das Gute im Geist zu hegen, zu pflegen und sich darum zu kümmern – es zu bemuttern. Es handelt sich um eine Geisteshaltung. Die »Mutter Gottes«, die »Jungfrau Maria«, die »Madonna« sind ein reiner Mythos, eine Projektion der Liebe, der Schönheit, der Ordnung und des Geistes, der Gott und alle guten Dinge gebiert.

Waren die Erscheinungen in Lourdes und Fátima die Geistesprodukte einzelner Personen?

Wenn ich Sie hypnotisiere und Ihnen in diesem Zustand einflüstere, Sie würden Ihre Großmutter sehen, mit ihr reden und von der alten Dame Vorhersagen über Ihr Leben und die Welt im Allgemeinen erhalten, würde Ihr Unterbewusstsein das Bild Ihrer Großmutter erzeugen, und Sie würden sie sehen und mit ihr reden. Ihr Unterbewusstsein würde auf der Grundlage meiner Worte Vorhersagen äußern. Denn in Ihrem Kopf ist die Erinnerung an Ihre Großmutter als Bild abgespeichert. Es wäre also nicht wirklich sie, die Sie sehen würden, denn sie ist zweifellos bereits in der nächsten Dimension aktiv. Sie hätten schlicht eine Halluzination erlebt. Die anderen Anwesenden würden die alte Frau nicht sehen können, diese Gedankenprojektion wäre nur für Sie sichtbar. In Fátima, so heißt es, erblickten nur die drei Kinder die Marienerscheinung, die Menschenmenge hingegen nicht.

Bernadettes Vision in Lourdes

Glaubt man einigen Quellen, dann führte Bernadette in jungen Jahren ein einsames Leben. Sie litt an Asthmaanfällen und war emotional gehemmt. In ihrem Geist bewirkten die Aufregung und die Erwartung, Maria zu sehen, eine Art Autohypnose, und das Unterbewusstsein erzeugte das Bild einer Frau, das den Statuen in der örtlichen Kirche und dem Bild der Jungfrau Maria in Bernadettes Gebetbuch entsprach. Bernadettes Erlebnisse gingen aus ihrem eigenen Geist hervor. Halluzinationen basieren immer auf dem, was im Kopf existiert. Jeder, der sich sehnlich wünscht, einen Heiligen zu sehen, kann sein Unterbewusstsein dazu bewegen, die Jungfrau Maria oder eine andere Gestalt zu projizieren, immer auf der Grundlage von Statuen, Bildern in Büchern oder Gemälden dieser Person.

Warum die Prophezeiungen eintrafen

Die Marienerscheinung in Fátima weissagte Jacinta und Francisco, sie würden an der Grippe sterben, und verkündete Lucia eine Zukunft als Nonne. All das traf auch ein. Denken Sie daran: Ihre Zukunft ist immer bereits in Ihrem Geist vorhanden, und ein fähiger Hellseher oder ein gutes Medium kann diese Zukunft ziemlich treffsicher voraussagen. Ihre Zukunft ist die Umsetzung Ihrer jetzigen Geisteshaltung, doch durch Gebete und Affirmationen können Sie diese Zukunft beeinflussen, indem Sie die universellen Prinzipien anwenden. Verändern Sie Ihre Gedanken so, dass sie von Harmonie, Gesundheit, Frieden, Liebe, richtigem Handeln und dem göttlichen Gesetz geprägt sind, dann werden alle Ihre Wege angenehm und alle Ihre Pfade voller Frieden sein. Auf diese Weise kann keine negative Vorhersage eintreffen. Im Fall der Kinder von Fátima war es deren eigenes Unterbewusstsein, das dafür sorgte, dass sich die Prophezeiungen erfüllten.

Die Grundlage der Wunder

Meine Reise nach Paris war von vielen Problemen, Schwierigkeiten und Unruhen begleitet, doch Dr. Mary Sterling und ihre Mitarbeiter empfingen mich sehr freundlich. Sie ist die Präsidentin von *Unité Universelle* und hat viele meiner Bücher ins Französische übersetzt. In dem von ihr betriebenen Zentrum gibt es eine Gebetsgruppe, die bereits erstaunliche Heilungen und die Erfüllung vieler Bitten bewirkt hat. Sie erhält Anfragen aus ganz Frankreich. Ich hielt dort einen Vortrag vor einer großen und erlesenen Versammlung von Männern und Frauen, der mit viel Begeisterung aufgenommen wurde.

Die Heilung einer Blinden

Eine junge Frau, die bei einem meiner Vorträge in Paris gewesen war, suchte mich im Hotel Napoleon auf, um ein emotionales Problem zu besprechen, und im Verlauf des Gesprächs erzählte sie mir, dass sie, als sie aus der Provinz in die Hauptstadt gekommen war, zunächst als

Schneiderin gearbeitet habe, für grausame und ungerechte Chefs, vor denen sie große Angst hatte. Irgendwann stellte sie fest, dass ihre Sehkraft nachließ. Als sie einen Augenarzt aufsuchte, riet der ihr, das Schneidern aufzugeben und wieder aufs Land zurückzukehren. Das wollte sie nicht, doch es wurde immer schlimmer. Daraufhin ging sie zu einem ortsansässigen Arzt, der ihr empfahl, ihre Stelle aufzugeben und sich eine andere zu suchen, da ihr Unterbewusstsein versuche, die unangenehmen Arbeitsumstände und die Chefs auszublenden. Das tat sie – sie fand einen neuen Arbeitgeber, bei dem sie glücklich war, und ihre Sehkraft kehrte langsam zurück.

Mir erzählte sie, dass sie den Anblick ihrer früheren Chefs förmlich gehasst habe. Darauf hatte ihr Unterbewusstsein natürlich reagiert, indem es dafür gesorgt hatte, dass sie sie nicht mehr sehen musste. Irgendwann gelang es ihr, ihre Abneigung gegenüber den alten Arbeitgebern zu überwinden und die Sache hinter sich zu lassen.

In einem Fall wie diesem ist es sinnvoll, sich zu fragen, warum das Unterbewusstsein sich ausgerechnet die Augen aussucht. Gibt es irgendetwas, das Sie unbedingt ausblenden möchten? Die Antwort finden Sie in Ihrem Inneren, ebenso wie die Lösung.

Rettung durch göttliche Begleitung

Eine französische Reporterin holte mich am Flughafen in Orly ab, weil wegen eines Streiks keine Taxis fuhren. Wir sind alte Freunde, und sie greift auf Reisen stets auf die gleiche Affirmation zurück wie ich (die Affirmation, die ich am Anfang dieses Kapitels zitiert habe). Sie meint, diese Affirmation gehöre mittlerweile ebenso zu ihr wie etwa ihr Haar.

Nun erzählte sie, dass sie im Jahr zuvor gerade zu einer Reise nach Nordafrika, Griechenland und in einige weitere Mittelmeerländer hatte aufbrechen wollen, als ich ihr eines Nachts im Traum erschienen sei und ihr geraten habe, zu warten – die Reise zu verschieben –, da dem Flugzeug, mit dem sie fliegen sollte, eine Katastrophe bevorstände. Sie sagte den Flug ab, und die Maschine stürzte ab. Sie sagte, sie habe verstanden, wie die tieferen Strukturen ihres Geistes funktionierten (das heißt, dass ihr Unterbewusstsein ihr das Bild einer Person eingab, der sie vertraute und auf die sie hören würde). In Wahrheit war es die göttliche Gegenwart in ihr, die sie beschützt hatte. Ihre göttliche Begleitung wachte immerzu über sie. Das ist Gottes Gegenwart in uns. *So gebe ich mich ihm in Visionen zu erkennen und rede mit ihm im Traum.* (Numeri 12,6)

Wie man durch die Macht des Unterbewusstseins zu Reichtum gelangt

Dr. Mary Sterling informierte mich darüber, dass der Verkauf ihrer französischen Übersetzung von *Die Macht Ihres Unterbewusstseins* alle Erwartungen übertraf und sie in ihrem Institut in Paris eine Flut von Briefen erhielt, in denen von erstaunlichen Heilungen und erfüllten Gebeten die Rede war. Ein Mann dort erzählte mir, dass er mithilfe einer Technik, die sich in der französischen Fassung meines Buches findet, ein Vermögen gemacht habe; er hatte jeden Abend im Bett zehn Minuten lang wiederholt: »Der Wohlstand ist mein, der Wohlstand ist jetzt mein«, bis er irgendwann darüber einschlief. Durch die Wiederholung übermittelte er diese Vorstellung an sein Unterbewusstsein, und seitdem schien sich alles, was er in die Hand nahm, in Gold zu verwandeln. Einmal gewann er sogar 60.000 Dollar im Lotto. Er glaubt fest daran, dass die Macht des Unterbewusstseins ihn leitet, führt, heilt und inspiriert, und das hat ihm entsprechende Resultate eingebracht.

Es gibt immer eine Antwort

Im Flugzeug von Paris nach England, wo ich in der Londoner Caxton Hall und in Bournemouth, einer Küstenstadt im Süden, eine Reihe von Vorträgen halten sollte, saß ich neben einer Französin, die sagte: »Ich fliege nach London, um mir Ihren Vortrag anzuhören, weil ich mehr über die Macht meines Geistes erfahren möchte. Bei einem Ihrer Vorträge in Paris haben Sie erzählt, dass alles, was wir an das Unterbewusstsein übermitteln, auch umgesetzt wird und in Erfüllung geht.«

Das junge Mädchen war Studentin und hatte kein Geld. Vor der Reise hatte es erklärt: »Ich werde gemäß der göttlichen Ordnung nach London fliegen und mir dort eine Reihe von Vorträgen von Dr. Murphy anhören. Dafür werden die tieferen Strukturen meines Geistes sorgen.«

Kurz darauf sprach sie zufällig mit ihrem Bruder, einem Pariser Arzt, über ihr Interesse am Unterbewusstsein, ohne ihren Plan zu erwähnen, und er meinte: »Warum fährst du nicht nach London und hörst dir dort Vorträge zu dem Thema an?« Er gab ihr mehr als genügend Geld für die Reise, obwohl sie zuvor geglaubt hatte, er stände diesen Lehren eher ablehnend gegenüber.

Die Wege des Unterbewusstseins sind unergründlich. Die junge Frau entdeckte, wie bereits Tausende vor ihr, dass es immer eine Antwort gibt. *Bittet, dann wird euch gegeben; sucht, dann werdet ihr finden; klopft an, dann wird euch geöffnet.* (Matthäus 7,7)

Dreimal aufs richtige Pferd gesetzt

Bei einem meiner Vorträge in der Caxton Hall, wo ich seit 20 Jahren alle zwei Jahre auftrete und in deren Umgebung eine Reihe meiner Freunde wohnt, sprach mich ein junger Mann an und sagte: »Ich hoffe, Sie sind nicht der Meinung, dass ich meinen Geist zu unlauteren Zwecken nutze, doch drei Monate vor dem alljährlichen Pferderennen denke ich jeden Abend vor dem Einschlafen: ›Der Gewinner des Rennens‹ und schlafe irgendwann über dem Wort ›Gewinner‹ ein, in dem Wissen, dass mein Unterbewusstsein mir die Antwort enthüllen wird.« Er hatte in den vergangenen drei Jahren jeweils in der Nacht vor dem Rennen den Sieger in seinen Träumen vorausgesehen, und im vorausgegangenen Jahr hatte er dann 1000 Pfund auf das entsprechende Pferd gesetzt, was ihm eine beträchtliche Summe eingebracht hatte. Sein Unterbewusstsein reagierte auf den festen Glauben an seine Fähigkeiten. Diese Eigenschaft des Geistes nennt man eine Vorahnung.

Ich erklärte ihm, dass das Unterbewusstsein keine Moral kennt; es ist ein automatischer Mechanismus, weder gut noch schlecht. Es hängt ganz davon ab, wie man es nutzt. Es ist nichts daran auszusetzen, schon vor einer Prüfung die Fragen im Unterbewusstsein heraufzubeschwören, und ebenso wenig daran, den Gewinner eines Hunde- oder Pferderennens vorauszusehen. Es gibt nur einen Geist, und der durchdringt Hunde, Katzen und alle anderen Dinge ebenfalls.

Wie das Loslassen von Schuldgefühlen einen entzündeten Arm heilte

Ein junger Arzt besuchte mich im Hotel nahe der Caxton Hall. Er war bei meinem Vortrag mit dem Titel »Warum auch Sie geheilt werden können« gewesen und zeigte mir nun seinen Arm, der von oben bis unten von Geschwüren bedeckt war. Der Mann hatte schon alle möglichen Behandlungsmethoden ausprobiert – ohne Erfolg. Ich fragte ihn, was er mit seiner rechten Hand getan hatte, was ihm Schuldgefühle verschafft haben könnte, und er antwortete ehrlich und betrübt: »Als Assistenzarzt habe ich aus finanziellen Gründen mehrere Abtreibungen durchgeführt. Meinem Glauben nach ist das Mord, und ich fühle mich schuldig und bereue es.« Ich fragte ihn: »Würden Sie es heute wieder tun?« – »Natürlich nicht. Heute helfe ich Menschen, gesund zu werden.«

Ich erklärte ihm, dass er sich selbst bestrafe – der Mann, der diese Eingriffe durchgeführt habe, existiere nicht mehr. Er habe eine geistige, emotionale und spirituelle Verwandlung durchlaufen und verurteile heute im Grunde einen unschuldigen Menschen. Gott verurteilt niemanden, und wenn wir uns selbst vergeben, ist uns vergeben. Sich selbst zu verurteilen ist die Hölle – sich selbst zu vergeben der Himmel.

Das sah der Arzt sofort ein. Die Vergangenheit war vorbei. Er betrachtete sich selbst als unschuldig. Noch vor dem Ende der Vortragswoche zeigte er mir erneut seine Hand und seinen Arm; die Geschwüre waren komplett verheilt. Bei Paulus heißt es: *Eines aber tue ich: Ich vergesse, was hinter mir liegt, und strecke mich nach dem aus, was vor mir ist. Das Ziel vor Augen, jage ich nach dem Siegespreis.* (Philipperbrief 3,13f.)

»Kevin von den Wundern«

Das irische Glendalough ist üblicherweise als »Ort der sieben Kirchen« bekannt. Der heilige Kevin, der 498 geboren wurde und 618 starb, fristete hier vier Jahre lang ein unglaublich karges Leben und ernährte sich von den Kräutern, Wurzeln und Beeren, die dort wuchsen. Einer seiner Beinamen lautete »Kevin von den Wundern«.

Als ein ansässiger Bauer versehentlich einen Stein ins Auge geworfen bekam und dabei unter fürchterlichen Schmerzen das Augenlicht verlor, berührte Kevin das verletzte Auge und betete dabei inniglich zu Gott. Die Wunde verheilte sofort, der Blutstrom versiegte und der Schmerz verschwand. Der Mann konnte wieder mit beiden Augen sehen. Es heißt, dass dieses Wunder von vielen Gemeindemitgliedern miterlebt wurde, die daraus große Kraft zogen.

Eine Pilgerstätte

Das Bett des Heiligen zu besuchen ist ein wesentlicher Bestandteil der Pilgerreise nach Glendalough. Dieses »Bett« ist nicht mehr als eine Aushöhlung im Felsen zehn Meter über der Oberfläche eines Sees. Ein Volksglaube besagt, dass jeder, der es schafft, in dieses Bett zu klettern, einen Herzenswunsch erfüllt bekommt. Wer sich auch noch auf den Stuhl des heiligen Kevin setzt, dem wird ein weiterer Wunsch gewährt.

Ich unternahm diese Pilgerreise zu den Stätten aus Kevins Leben gemeinsam mit meiner Schwester, und wir kamen mit einer Frau aus Killarney ins Gespräch. Sie erzählte uns, dass sie einige Jahre zuvor noch an Krebs im Endstadium gelitten habe. Damals habe sie es nur mit Unterstützung in Kevins Bett geschafft und dort zum Heiligen gebetet. Wenige Tage später habe sie sich geheilt gefühlt, und ihre Ärzte bestätigten nach einer Biopsie und einer Röntgenuntersuchung, dass der Krebs verschwunden war. Das, so sagte sie, sei vor fünf Jahren gewesen, und heute sei sie gesund und wieder ganz bei Kräften.

Der Brunnen des heiligen Kevin

Eine Touristengruppe drängte sich um einen Brunnen. Der Reiseführer wies auf fünf Einkerbungen im Fels, die angeblich von Kevins Finger stammten. Er forderte die Besucher auf, eine Hand (die linke) so auf den Abdruck zu legen, dass die Finger genau in die Vertiefungen passten, sie dann in den Brunnen zu tauchen und ein Gebet oder einen konkreten Wunsch auszusprechen. Die Überlieferung besagt, dass dieser Wunsch durch den Heiligen erfüllt wird.

Die Heilung der arthritischen Hände

Ein älterer Mann, der in der Nähe des Felsens stand, erzählte uns, dass er drei Jahre zuvor an Arthritis in den Händen gelitten habe, so sehr, dass sie regelrecht verkrümmt waren. Er hatte die Anweisungen befolgt und seine Hand zunächst auf den Stein gelegt und dann in den Brunnen getaucht und dabei den heiligen Kevin angerufen, ihn zu heilen. Er sagte: »Es ist geschehen. Schauen Sie sich meine Hände an!« Sie waren unversehrt.

Wie finden all diese Heilungen statt?

Emerson schrieb: »Ein Geist ist allen individuellen Menschen eigen. Jeder Mensch hat Zugang zu demselben und zu allen dieses Geistes. Wer einmal Zutritt zum Recht der Vernunft erlangt hat, wird ein Bürger des ganzen Reiches. Was Platon gedacht hat, er kann es denken; was ein Heiliger gefühlt hat, er kann es fühlen; was jemals irgendeinem Menschen zugekommen ist, er kann es verstehen. Wer zu diesem universellen Geist Zutritt hat, ist Teil alles dessen, was ist oder getan werden kann, denn nur dieser ist das einzig und unumschränkt Wirkende.«[9]

Wenn beispielsweise ein Elektriker eine Antwort auf eine elektrische oder elektronische Frage sucht, umfasst der universelle Geist den gesamten Einfallsreichtum, die Fähigkeiten, die Forschungen, die Entdeckungen und das Wissen von Edison, Faraday, Marconi und anderen, und jeder kann sich diese Kenntnisse zunutze machen. Jedes Musikstück, das je von Bach, Beethoven oder Brahms gespielt wurde, ist im universellen Geist abgespeichert und beseelt uns alle. Jeder Musiker kann diese Quelle anzapfen. Die Heiligen aus den religiösen Schriften sind Männer und Frauen, die sich über ihre Probleme erhoben und sich ihre Göttlichkeit stärker erschlossen haben als andere. Sie erreichten ein höheres spirituelles Bewusstsein, und ihr Heilvermögen und ihre Triumphe über alle möglichen geistigen und körperlichen Gebrechen sind nun in dem allumfassenden Speicher hinterlegt, der sich universelles Unterbewusstsein nennt.

Daher gilt: Als der Ire zum heiligen Kevin betete, erstrahlte seine Vorstellungskraft, sein Bewusstsein wurde auf eine neue Ebene gehoben und er richtete sich auf die heilenden Schwingungen aus, die stets im universellen Geist präsent sind. Sein Gebet wurde erfüllt, weil sein Geist von Glauben und Erwartung durchdrungen war. Seine feste, allumfassende Überzeugung prägte sein Unterbewusstsein und führte zur Heilung.

Worauf Sie Ihre Aufmerksamkeit auch richten – wenn Sie es so lange und intensiv tun, dass es in Ihr Unterbewusstsein dringt, wird es irgendwann herbeigeführt werden. Das ist die Erklärung für die sogenannten Wunder, die am Felsen und am Brunnen des heiligen Kevin stattfanden.

Über den Autor

Dr. Joseph Murphy, am 20. Mai 1898 im Süden Irlands geboren, wanderte 1922 in die USA aus. Er studierte Religionswissenschaften, Philosophie und Jura und erlangte in allen Fächern den Doktorgrad. 1962 publizierte er sein Hauptwerk *Die Macht Ihres Unterbewusstseins*, das drei Jahre später bei Ariston in der deutschen Ausgabe erschien. Dr. Joseph Murphy ist Autor zahlreicher weiterer Bücher, die in der ganzen Welt zu Bestsellern wurden. Er starb 1981 in Laguna Hills, Kalifornien/USA.

Quellennachweise

1 Henry David Thoreau: *Walden. Ein Leben mit der Natur.* Aus dem Amerikanischen von Erika Ziha und Sophie Zeitz. ©1999 dtv Verlagsgesellschaft mbH & Co. KG, München.

2 Robert Burns und Rudi Camerer: *Liebe und Freiheit:* Lieder u. Gedichte; zweisprachig. [Hrsg. von Rudi Camerer in Zusammenarbeit mit Rosemary Selle, Horst Meller, Joachim Utz.] / Sammlung Weltliteratur : Reihe: Lyrik der englischsprachigen Welt, Lambert Schneider 1988, Heidelberg, S. 105.

3 aus: Ralph Waldo Emerson: Essays. Herausgegeben und aus dem Amerikanischen übertragen von Harald Kiczka. Copyright der deutschsprachigen Übersetzung © 1983 Diogenes Verlag AG Zürich, S. 79.

4 aus: Ralph Waldo Emerson: Essays. Herausgegeben und aus dem Amerikanischen übertragen von Harald Kiczka. Copyright der deutschsprachigen Übersetzung © 1983 Diogenes Verlag AG Zürich, S. 105.

5 aus: William Shakespeare: *König Heinrich V.*, übersetzt von Frank Günther, ars vivendi 2005, S. 175)

6 John Milton: *Das verlorene Paradies*, übersetzt von Adolf Böttger, Edition Holzinger 2014, S. 120
7 aus: William Shakespeare: *Othello*, übersetzt von Frank Günther, ars vivendi 2003, S. 129
8 aus: William Shakespeare: *Hamlet*, übersetzt von Frank Günther, ars vivendi 2008, S. 49
9 aus: Ralph Waldo Emerson: Essays. Herausgegeben und aus dem Amerikanischen übertragen von Harald Kiczka. Copyright der deutschsprachigen Übersetzung © 1983 Diogenes Verlag AG Zürich, S. 11

Das Unmögliche möglich machen

112 Seiten, Flexobroschur, ISBN 978-3-424-20181-9

Unser Unterbewusstsein ist weitaus mächtiger, als wir annehmen. Unsere Gedanken entscheiden über Erfolg oder Niederlage. Nur wer in der Lage ist, sein Unterbewusstsein positiv zu beeinflussen, kann Schwächen in Stärken umwandeln und Herausforderungen mit Zuversicht meistern. Dr. Joseph Murphy, der Wegbereiter des positiven Denkens, bietet 52 Affirmationen, die in allen Lebenslagen helfen, und offenbart, wie sich diese erfolgreich umsetzen lassen.

ARISTON

Entdecken Sie die erstaunliche Kraft in Ihrem Inneren

112 Seiten, Flexobroschur, ISBN 978-3-424-20219-9

»Der Glaube kann Berge versetzen«, lautet ein bekanntes Sprichwort. Mithilfe der Affirmationen von Dr. Joseph Murphy gelingt das auch tatsächlich. Seine Affirmationen zeigen uns, wie wir die Macht des Unterbewusstseins schöpferisch nutzen können, um im Leben all das zu erreichen, was wir uns wünschen.

Ein inspirierender Wegweiser zu einem erfüllten Leben in Glück, Gesundheit und Reichtum.

ARISTON